Los diez mandamientos en el siglo XXI

Los diez mandamientos en el siglo XXI

Tradición y actualidad del legado de Moisés

FERNANDO SAVATER

EDITORIAL SUDAMERICANA
BUENOS AIRES

Savater, Fernando
   Los diez mandamientos en el siglo XXI.- 1º ed. 4ª. reimp. – Buenos Aires : Sudamericana, 2004.
   184 p. ; 23x16 cm.- (Obras diversas)

   ISBN 950-07-2501-0

   1. Ensayo Español I. Título
   CDD E864

Primera edición en la Argentina: abril de 2004
Cuarta edición en la Argentina: mayo de 2004

© 2004, Fernando Savater
© 2004, de la presente edición:
   Random House Mondadori, S.A.
   Travessera de Gràcia, 47-49. 08021 Barcelona

Quedan rigurosamente prohibidas, sin la autorización escrita
de los titulares del *copyright*, bajo las sanciones establecidas
en las leyes, la reproducción parcial o total de esta obra por
cualquier medio o procedimiento, comprendidos la reprografía
y el tratamiento informático, y la distribución de ejemplares de
ella mediante alquiler o préstamo públicos.

Impreso en la Argentina

ISBN: 950-07-2501-0
Queda hecho el depósito que previene la ley 11.723

www.edsudamericana.com.ar

Esta edición de 5.000 ejemplares se terminó de imprimir en Indugraf S.A.,
Sánchez de Loria 2251, Buenos Aires, en el mes de mayo de 2004.
www.indugraf.com.ar

Índice

Introducción 9

- I. Amarás a Dios sobre todas las cosas 15
- II. No tomarás el nombre de Dios en vano 37
- III. Santificarás el día del Señor 53
- IV. Honrarás a tu padre y a tu madre 69
- V. No matarás 85
- VI. No cometerás adulterio 105
- VII. No robarás 123
- VIII. No levantarás falsos testimonios ni mentirás . . . 137
- IX. No desearás a la mujer del prójimo 151
- X. No codiciarás los bienes ajenos 163

Los hombres necesitan un dios terrible 175
Notas 181

Introducción

Pensar en la vigencia de los diez mandamientos en pleno siglo XXI puede ser tomado como una antigüedad, o por lo menos como una pérdida de tiempo. La relación que tengo con estas leyes se remonta a mi más tierna infancia. Eran los años en los que Dios y Franco estaban por todas partes. En nuestras clases de religión nos intentaban convencer, entre otras cosas, de respetar a pie juntillas los mandamientos y la palabra del Caudillo.

Pero los años hicieron su labor y a medida que crecí le fui dando menos importancia a las leyes de Dios, que hoy son un lejano recuerdo infantil, que llegan a mezclarse y me producen confusión. Hay veces en que no tengo claro si algunas decían: «No robarás a padre y madre» o «Fornicarás las fiestas». Si de algo me sirve volver a analizar estos temas es, por un lado, para recordar mi infancia, y por el otro, para poner las cosas en su lugar.

Tal vez quien más hizo por fijar la majestuosidad de Moisés y su encuentro con Dios fue Cecil B. de Mille en su memorable película *Los diez mandamientos*, cuando Charlton Heston se puso en la piel del guía de los judíos. Lo que sucedió desde su estreno en 1956 es que, para millones de personas que vieron los 220 minutos de la película, no hay otro Moisés que Charlton. Pero en materia cinematográfica prefiero otro Moisés, el de Mel Brooks en *La loca historia del mundo*. Uno no puede dejar de reír cuando el personaje baja del monte Sinaí con tres trozos de piedra labrados anunciando «Los quince mandamientos», que se transforman en diez cuando el bueno de Mel-Moisés tropieza y una de las tablas que contenía cinco de las leyes divinas se le cae de las manos para partirse en mil pedazos. Después de un segundo de confusión, Moisés no duda en anunciar la devaluada buena nueva: los diez mandamientos.

Lo cierto es que, más allá de la superficialidad con que en líneas generales tratamos el tema en estos días, los mandamientos forman parte de la humanidad desde hace siglos y, en mayor o menor medida, han acompañado con sus conceptos el desarrollo de más de la mitad de la civilización. Aunque sus exigencias estén contempladas bajo distintas formas en todas las culturas conocidas, estas leyes que recibió Moisés hace miles de años en mitad del desierto son un compendio de obligaciones y reglas que prometen castigos divinos de la peor especie para quien se aparte una letra de ellas. La verdad es que, en la actualidad, son tantas las imposiciones escritas, y las no escritas, que algunos de los mandamientos han perdido entidad. Nosotros, pobres mortales, hoy en día tememos, más que a la palabra del mismísimo Dios, a las obligaciones que surgen de muchas leyes ideadas por burócratas y funcionarios de turno, o a los dictados de una moda pasajera. Si los comparamos con los de las Tablas de la Ley, los actuales no son menos temibles: «No dejarás de pagar impuestos aunque aumenten y no sepas dónde va el dinero»; «No podrás quejarte de los servicios públicos, porque aunque lo hagas, todo seguirá igual»; «Deberás esforzarte y preocuparte para acertar cómo divertirte en los momentos de ocio». Y así podríamos seguir con innumerables principios que nos acosan y de los que siempre soñamos con desembarazarnos.

En esto, las cosas no han cambiado mucho a través de los siglos. Los judíos que escapaban de Egipto siempre estaban imaginando de qué manera podían esquivar las órdenes que emanaban

INTRODUCCIÓN

de los mandamientos, algo que ponía furioso a Moisés, siempre celoso guardián de los deseos de su jefe directo y sus leyes.

Cuando los historiadores y los defensores ortodoxos de la fe analizan el tema, comienzan a surgir puntos polémicos y controvertidos. Para empezar, quienes han realizado el estudio comparado entre los hechos históricos objetivos y los textos del Antiguo Testamento dudan sobre si fue el propio Moisés quien reveló la legislación divina. Sospechan que fue confeccionada unos ciento cincuenta años después de su muerte, pero que se la atribuyeron a él. En tal caso la verdad histórica se vería superada por la tradición y por la justicia que significaba atribuirle un hecho trascendente a un hombre que, en definitiva, había sido el organizador de toda la vida legal del pueblo. Por lo tanto, la imagen de Moisés recibiendo de parte de Dios las Tablas es una síntesis que lo muestra como lo que fue: el gran legislador de su tiempo.

No faltan estudios serios que ponen en duda la existencia misma de Moisés y de hechos como el Éxodo de Egipto. Otros dicen que no existió un Jesús tal como nos llegó hasta nuestros días, sino que se trata de la suma de situaciones creadas por distintos hombres llamados igualmente Jesús —era el nombre más común en su época— que fueron fundidas en una sola historia para mejor comprensión del pueblo. Aunque parezca paradójico, la verdad histórica en este caso importa poco porque se trata de la transmisión de la supuesta verdad divina para la humanidad. Lo unico importante es lo que construyeron los hombres para ordenar su sociedad con el respaldo de alguien que fuera indiscutible: Dios. En definitiva, fue el comienzo de una estrategia que, con relativo éxito, siempre han desarrollado quienes controlan ciertas cuotas de poder en una sociedad: evitar ser rebatidos, ya que hacerlo es ponerse en contra de Dios.

Tanto tiempo pasó, tanto se preocuparon los hombres en reinterpretar, modificar y acomodar las cosas a su gusto, que ni Dios se salvó. Y así es como llegamos a tener doce mandamientos en lugar de diez, producto de desdoblamientos y reinterpretaciones. Sin embargo, nosotros no nos moveremos de los diez. Los que desarrollaremos son:

I. Amarás a Dios sobre todas las cosas.
II. No tomarás el nombre de Dios en vano.
III. Santificarás el día del Señor.
IV. Honrarás a tu padre y a tu madre.
V. No matarás.
VI. No cometerás adulterio.
VII. No robarás.
VIII. No levantarás falsos testimonios ni mentirás.
IX. No desearás a la mujer del prójimo.
X. No codiciarás los bienes ajenos.

Una pequeña historia previa

En materia de crecimiento y desarrollo personal, por llamarlo de alguna manera, pocos dioses pueden jactarse del éxito alcanzado por Yahvé. Comenzó de forma modesta venerado sólo por pastores nómadas, cuya única preocupación era encontrar pastos y agua que les permitieran mantener sus rebaños. El patriarca Abraham no tenía otras necesidades divinas, y por lo tanto aquel Dios, llamado el de los padres, no tenía muchas preocupaciones. Bastaba algún que otro sacrificio de un animalillo antes y después de iniciar el camino en busca de alimento para el ganado y todos estaban en paz y tranquilidad.

Todo duró hasta que Abraham y los suyos llegaron a la región de Canaán. Allí sus habitantes adoraban a un Dios al que llamaban Él. Era una divinidad que los asombró: Él era el creador del cielo y de la tierra, autoría que nunca se le había ocurrido reclamar al Dios de los padres, ni al propio Abraham atribuírsela, ya que, a diferencia de los cananeos, que eran agrícolas, ellos no necesitaban nada de la tierra.

Allí, la mano del hombre moldeó una nueva divinidad. Cuando los antiguos judíos comenzaron a transformarse en sedentarios, le incorporaron a su modesto Dios atributos que lo hicieron más cualificado. Seguía siendo la divinidad casi familiar que se ocupaba de las cosas de todos los días. Pero ahora también era aquel que estaba por encima de todo lo imaginable: era el creador y dominador de todo, de absolutamente todo lo que se conocía. Podemos ver que las cosas no han sido tan inmutables como algunos, cualquiera que sea su religión, nos han querido hacer creer. Yahvé, tal como lo comenzaron a llamar los judíos después de su huida de Egipto, no se contentó con ser una combinación entre el nómada de los albores y el majestuoso de los cananeos. No quería, ni él ni sus principales mentores —adoradores—, tener sólo un pasado y un presente. Entonces llegó el momento de inflexión en la historia: Moisés recibió las Tablas de la Ley. Los hebreos y su Dios empezaron a pensar un futuro juntos. Se trataba de un Dios que había ofrecido a un pueblo una alianza, un proyecto en común. En definitiva, que el uno sostuviera al otro. Todo basado en un acuerdo que los mortales deberían cumplir sin rechistar porque, de lo contrario, ese Dios celoso y terrible haría caer las peores desgracias sobre ellos. Comenzaba la era de las leyes, del ordenamiento. A partir de ese momento había un blanco sobre negro acerca de qué se podía y qué no se debía hacer.

La libertad es autocontrol, y los dirigentes pusieron en conocimiento de sus seguidores cuál era el marco del funcionamiento social y cuáles serían las consecuencias para el que traspasara esas fronteras escritas por el mismo Yahvé. En pocas palabras, se estaba frente a lo que hoy podría parecer una libertad condicional, pero que para la época fue un gran avance, al tratar de ordenar a un enorme grupo de personas que, a partir de su enlace con la divinidad, tuvieron un objetivo común para el cual tendrían que disciplinarse.

Pasaron miles de años, surgieron nuevos dioses, religiones, costumbres, adelantos, etcétera, pero nadie duda de la presencia de los diez mandamientos en el inconsciente colectivo, más allá de su vigencia. Aquel comunicado que leyó Moisés al pie del Sinaí, como portavoz oficial de una zarza en llamas —así le gustaba presentarse a Yahvé—, hizo que me dedicara durante un año a encabezar un proyecto televisivo en el que se tratara de explicar cómo afectan a la gente de hoy los diez mandamientos. El libro que tiene el lector en sus manos es la versión editorial de todo ese trabajo que pudimos concretar gracias a Moisés y por supuesto a su jefe.

I

Amarás a Dios sobre todas las cosas

Diálogo del filósofo con el Señor

Nos mandaste amarte sobre todas las cosas. Me pregunto y te pregunto: ¿tanta necesidad tienes de que te amen? ¿No es un poco exagerado? ¿No delata una especie de zozobra, de inquietud extraña? Sí... sí... ya sé que eres un dios celoso, que no acepta ningún tipo de competencia. Pero quiero que entiendas que no eres muy original. Esto que te sucede le pasa prácticamente a todos los dioses. Estoy viendo que en ese aspecto sois todos bastante parecidos: excluyentes y posesivos. Siempre queréis todo el amor para vosotros. Se os ve un poco inseguros de vosotros mismos y necesitados de que los demás estemos siempre refrendando vuestra superioridad sobre el cosmos y el mundo. Mira... ni siquiera ése es nuestro problema. Nuestra verdadera dificultad son tus representantes, porque normalmente no te diriges a los hombres de forma directa. Aquellos que hablan en tu nombre son un verdadero dolor de cabeza. Siempre nos sugieren y ordenan lo que tenemos que hacer de acuerdo con su nivel de poder.

Aquí estamos frente al primer mandamiento, algo inmodificable según tus leyes: Amarás a Dios sobre todas las cosas, y no se hable más.

Pero vivimos en el siglo XXI, discutiendo tus leyes... no pongas mala cara si ahora, mal que te pese, te cuestionamos... son los tiempos que corren.

DE LOS DIOSES CONCRETOS AL ABSTRACTO

El primer mandamiento es el más religioso de todos, porque mientras que los demás se relacionan con cuestiones de comportamiento social y de grupo, éste plantea una exigencia que la divinidad le demanda al individuo.

Así, un profeta anónimo le hace decir a Yahvé: «Yo soy el primero y el último; fuera de mí no existe ningún dios»; «Antes de mí ningún dios había, y ninguno habrá después de mí»; «Yo soy Yahvé y fuera de mí ningún dios existe»; «Todos ellos son nada; nada pueden hacer, porque sólo son ídolos vacíos». Frente a estas formas de definirse no podemos negar que, por lo menos, se trata de alguien con una autoestima superlativa y, sin exagerar, digna de un dios.

Debo admitir que, como no soy creyente, me resultaría muy difícil amarle, y que, incluso aunque creyera, me costaría describir bien la relación que podría mantener con un ser infinito, inmortal, invulnerable y eterno. Personalmente entiendo el amor como el deseo casi desesperado de que alguien perdure, a pesar de sus deficiencias y de su vulnerabilidad. Por eso sólo puedo amar a seres mortales.

La inmortalidad me merece respeto, agobio, pero no me merece amor. Por otra parte, nunca he sabido muy bien qué se entiende por esa palabra misteriosa que otros manejan con tanta facilidad: Dios.

Hay un libro de Umberto Eco y el cardenal Carlo Maria Martini en el que discuten sobre estas cuestiones. Su título es *En qué creen los que no creen*.[1] A quienes no creemos nos es muy fácil explicar en qué creemos. Lo que me resulta misterioso es saber en qué creen los que creen y, sinceramente, por más que los he escuchado nunca he entendido a qué se refieren.

Sin embargo, los no creyentes creemos en algo: en el valor de la vida, de la libertad y de la dignidad, y en que el goce de los hombres está en manos de éstos y de nadie más. Son los hombres quienes deben afrontar con lucidez y determinación su condición de soledad trágica, pues es esa inestabilidad la que da paso a la creación y a la libertad. Los emisarios y los administradores de Dios personifican en realidad lo más bajo de una conciencia crítica e ilustrada: el fanatismo o la hipocresía, la negación del cuerpo y la apología del poder jerárquico en su raíz misma.

Un dios abstracto, ¡qué gran novedad! Unos dos mil años antes de Cristo, los dioses siempre habían sido animales, o árboles, o ríos, o piedras, o mares. Habían tenido un cuerpo, habían sido dioses visibles. Precisamente las divinidades eran fenómenos que podían verse. Entonces apareció un ser abstracto, hecho de pura alma y se produjo una verdadera revolución.

Los romanos admitían que cada cual podía tener sus divinidades, porque ellos creían que los dioses de todos los pueblos eran tolerantes entre sí. Por esta razón, fue paradójico que acusaran de ateos a los primeros cristianos, aunque veremos que esta manera de razonar tenía su lógica. Los romanos veían que los cristianos rechazaban a todos los dioses existentes. Resultaba una actitud incomprensible y sectaria, ya que había una gran variedad. Se les ofrecían los de Oriente, los de Occidente, los de forma animal, los de forma vegetal. Pero no había nada que hacer: los cristianos los rechazaban a todos. No querían saber nada con el culto al Emperador, ni con los encarnados en las glorias de cada una de las ciudades. Por tal motivo, los seguidores de ese dios, que no se veía en ninguna parte, que era la nada, fueron tachados de ateos por los paganos de Roma.

Los cristianos traían consigo el legado judío. La idea del monoteísmo, de un dios único, excluyente, infinito, abstracto e invisible, era lo normal para ellos, pero resultó de verdad sorprendente y revolucionario para el resto.

Pero esa concepción religiosa ¿fue un retroceso o un avance en el desarrollo espiritual de la humanidad? En cierto sentido la podríamos calificar de positiva porque significó un paso hacia una mayor universalidad, hacia una mayor abstracción conceptual. El dios se convirtió en un concepto, en una idea. Dejó de ser cosa, ídolo. Los dioses anteriores estaban siempre ligados a realidades concretas: la naturaleza, la ciudad, la vida. Entonces surgió un dios que no conocía la naturaleza porque estaba por encima de ella y además era su dueño. Ignoraba las ciudades porque vivía en todas y en ninguna, pero además en el desierto y también en una zarza ardiente. ¿Ese dios supuso un progreso respecto a los otros, o más bien fue una especie de recaída hacia algo más primitivo y atávico? Porque, si bien significó una ganancia en universalidad, amplitud y espiritualidad, también fue una pérdida en lo que se refiere a la relación de los hombres con lo natural, con el mundo, con lo que podemos celebrar de la vida concreta y material.

Por ejemplo, para el escritor y filósofo Marcos Aguinis[2] «el monoteísmo ha sido un avance prodigioso de la humanidad hacia niveles de abstracción que no existían hasta ese momento. Fue pasar del pensamiento concreto al abstracto, con un ser que no podía ser representado y además era único. Pero, por ser único, contenía algo muy peligroso: era un dios celoso que no aceptaba competencias. De manera que el monoteísmo significó dos cosas contrapuestas: una muy positiva que era un progreso espiritual y otra muy negativa que fue el progreso de la intolerancia».

El monoteísmo también obsesionó a Sigmund Freud al final de su vida. En 1938 el padre del psicoanálisis huía de los nazis que avanzaban sobre Europa continental, y encontró refugio en Inglaterra. Allí terminó de dar forma a su teoría según la cual Moisés no fue judío sino egipcio. Para Freud se trataba de un hombre que perteneció a una familia noble, y que difundió entre los israelitas —casi 1.400 años antes de Cristo— las creencias de Akenatón, el faraón creador del primer culto monoteísta conocido: el de Atón, el Dios Sol. Esta idea fue desterrada por la rebelión que encabezaron en su contra los sacerdotes responsables del antiguo politeísmo, y que tenía como principal figura al Dios Amón. Por lo tanto, según esta teoría, Yahvé no sería más que el nuevo nombre que tomó Atón para transformarse en el dios judío.

Aunque el dato pueda sentar mal a quienes consideran que las cosas son inamovibles desde un principio, lo cierto es que los israelitas no siempre fueron monoteístas. El teólogo Ariel Álvarez Valdez[3] es contundente cuando asegura que los israelitas eran en realidad monólatras, es decir, creían que existían muchos dioses, aunque ellos adoraban sólo a uno.

Pero todo cambió después de uno de los hechos más traumáticos por los que pasó el pueblo judío: la invasión de los babilonios a las órdenes del legendario Nabucodonosor, quien, en 437 a.C., y no contento con derrotarlos y tomar Jerusalén, llevó a todos sus habitantes como esclavos a Babilonia. Los judíos quedaron deslumbrados por la magnificencia y el lujo de la capital de sus vencedores. Se preguntaron cómo podía ser que ellos, que se consideraban tan bien cuidados por Yahvé, nunca hubieran conocido semejante nivel de vida.

Pero en lugar de renegar de su dios, los cautivos llegaron a una conclusión que les sirvió para sentirse bien con ellos mismos: el dios de los Babilonios no existía, como tampoco existía ningún otro. Yahvé era el creador de todo, incluso de la belleza y el poder de Babilonia. De esta manera convirtieron la tristeza del forzado exilio en el orgullo de adorar al único dios vivo y verdadero.

Otra prueba de que los judíos no eran monoteístas antes de su cautividad en Babilonia es que la traducción literal de la fórmula del primer mandamiento es «No tendrás otros dioses frente a mí», lo que implicaba la aceptación de otros dioses aunque sólo se venerase a Yahvé.

Para el estudioso de los diez mandamientos, Luis de Sebastián,[4] «el primer mandamiento es el mandamiento del amor. Primero, negativamente, porque no hay que amarse a uno mismo sobre todas las cosas, y segundo, positivamente, porque hay que amar a los demás, a todos con quienes tenemos que ver de cualquier manera que sea, todo dentro de un orden de proximidades y responsabilidades que empieza en casa: con uno mismo, con su persona, su familia, sus vecinos, amigos, compañeros, y que se extiende, si es verdadero amor, con alas de águila a todos los rincones donde la vida nos lleve».

Según De Sebastián, el primer mandamiento «simboliza el pacto de la conveniencia, del mutuo beneficio, en el que se basa la democracia. Así todos sacan provecho de lo que se hace en la polis, a cambio del respeto a las leyes».

Sin embargo, la realidad es que la gente define las cosas de acuerdo al lugar donde se encuentra. El amor por algo o por alguien puede tener una contrapartida siempre alejada de la indiferencia: desamor u odio hacia quien no piensa igual o no corresponde a esos sentimientos.

Entonces, el amor a lo infinito, a lo inabarcable ¿es incluyente o excluyente? ¿Se ama también a los que no veneran a ningún dios? Hay una expresión medieval que habla del *odium teologicum*, del odio que se tienen los teólogos entre sí. Poseídos por el infinito, en ocasiones, en vez de incluir a todos los demás en su amor, los excluyen. Ésta es una de las paradojas del amor monoteísta, del amor a un dios único.

Amo a todas las religiones, pero estoy enamorada de la mía.

MADRE TERESA DE CALCUTA

¿Es posible que quien ama a un dios único, infinito, absoluto, ame o simplemente acepte otras religiones y a otros dioses? ¿También es susceptible de amor aquel que no cree en ninguna religión o divinidad?

En un hermoso cuento Jorge Luis Borges narra la historia de Aureliano y Juan de Panomia, dos teólogos que durante toda su existencia se persiguen y se censuran el uno al otro hasta que, cuando mueren, Dios les revela que para él ambos son una sola persona, un solo ser. En cierta medida, la lección última sería que esos teólogos que rivalizan, esas religiones que se excluyen y se persiguen, vistos desde una altura lo suficientemente elevada, no sean más que la misma cosa. Una misma verdad o un mismo error.

La tolerancia: esa debilidad de las religiones

Es sabido que las religiones han sido fuente de animadversión, de persecución, de intolerancias, de guerras y de crímenes. A lo largo de los siglos los llamados representantes de los dioses sobre la tierra, es decir los hombres, han encontrado motivo de discordia echándose culpa unos a otros sobre reales o supuestas ofensas a sus respectivos dioses.

También podemos decir que las religiones fueron causa de una serie de gestos generosos y valientes. Pero ¿por qué las religiones han sido incompatibles unas con otras? Todos los hombres de religión predican palabras hermosas de aceptación a los demás, pero pocas veces sus actos tienen que ver con su prédica. El ejemplo del catolicismo es evidente: las religiones se hacen tolerantes cuando se debilitan, cuando pierden poder terrenal. Mientras controlan los hilos de la política y la economía y tienen un brazo secular para poder hacer cumplir sus preceptos, rara vez dan muestras de tolerancia. Este sentimiento aparece cuando los que controlan la práctica de una creencia tienen que ser aceptados, no cuando tienen que aceptar. Éste es un fenómeno que ocurre en casi todas las religiones.

Uno de los ejemplos más claros fueron las Cruzadas. A fines del siglo XI, Venecia, Génova y Pisa querían recuperar el control del comercio con Oriente. El problema eran los turcos, quienes controlaban los pasos marítimos y terrestres hacia los lugares santos y, en especial, hacia los centros de comercio más importantes. Allí se conjugaron intereses mercantiles con los políticos del papa Urbano II, cuyo objetivo era controlar a toda la cristiandad mediante la dominación de la ciudad de Constantinopla, que se había separado de su autoridad en el año 1054. Urbano también estaba obsesionado con los emperadores germanos, quienes se movían con gran autarquía en materia religiosa. Así, como tapadera de este cúmulo de intereses, el Papa golpeó en el corazón de la cristiandad europea y, con la magnífica excusa de recuperar los lugares sagrados de Oriente y proteger a los cristianos de esas zonas, promovió la Primera Cruzada. Hacia allí partieron miles de hombres para matarse con otros tantos miles de hombres al grito de «*Deus lo volt*» («Dios lo quiere»).

Hoy las religiones van perdiendo su poder terrenal —o al menos eso espero—, y no me cabe duda de que el mundo se beneficiará ante esta situación, ya que se alejarán los elementos de tensión que se desprenden de ese excluirse unas a otras utilizando la fuerza o la persecución. De todas formas estamos hablando de Iglesias más que de religiones. Dios nunca habla en forma directa con los humanos, o por lo menos no lo hace con la mayoría. Siempre hay alguien que se interpone. Nunca tenemos a Dios delante, sino a sacerdotes, obispos, muecines, rabinos, etcétera. Es decir, otras personas tan comunes como los demás, pero que hablan en su nombre. Cuando uno analiza las guerras de religión, se pregunta si Dios no habrá sido la coartada para justificar los odios que los hombres se tenían entre ellos, para impulsar los deseos de conquista y depredación.

La aplicación de la libertad del individuo o cómo entender los mandamientos

A medida que avanzamos en el análisis, nos queda claro que los mandamientos son imposiciones antiguas, pasadas de moda, y algunas hasta fuera de toda lógica, pero que, al igual que las leyes actuales, son fruto de convenciones sociales. Más allá del tiempo en que se dieron a conocer, en que fueron respetadas y hasta temidas, lo cierto es que no formaron parte inamovible de la realidad, como ocurre por ejemplo con la ley de la gravedad. Tampoco brotan de la voluntad de un dios misterioso. Las leyes han sido inventadas por los hombres, responden a designios humanos antiguos, algunos de los cuales nos cuesta entender hoy, y pueden ser modificadas o abolidas por un nuevo acuerdo entre humanos. Sin ir más lejos, los mandamientos originales fueron modificados por los católicos, aunque esto no quiere decir que las convenciones sean simples caprichos o algo sin sustancia.

Cuando se vive en una sociedad multicultural, hay que asumir que se acepta el derecho a tener religión, y creencias, y esto comporta el hecho de tener que soportar alfilerazos de la realidad. Por ejemplo, a esas personas que dicen «ha herido usted mis convicciones», yo les diría: «Lo siento... amigo, usted no puede convertir sus convicciones en una especie de prolongación de su cuerpo».

Pero además esto va de la mano de una liviandad que se percibe en todos lados y que se define con la máxima de «todas las opiniones son respetables». Esto es una tontería. Quienes son respetables son las personas, no las creencias. Las opiniones no son todas respetables. Si así hubiese sido, la humanidad no habría podido avanzar un solo paso. No se pueden respetar las ideas totalitarias, xenófobas, racistas, excluyentes, que violen los elementales derechos humanos. No podemos utilizar el ataque, la crítica, incluso la sátira contra una idea, para provocar algo que humille u ofenda a los demás. Ahora, si se trata de ideas, hay que saber pararse frente a aquellas que son peligrosas.

¿Qué respeto merecen las ideas tras las que se parapetan los terroristas de distintos signos? ¿Cómo dejar de repudiar el asesinato, las bombas a mansalva que reivindican los nacionalismos excluyentes? ¿Cómo aceptar que bajo la excusa de la identidad cultural se practique la mutilación del clítoris a millones de niñas?

Los defensores de esos métodos son tan peligrosos como los sacerdotes que repudian a las demás religiones, a sus seguidores y a aquellos que no creen en ningún dios en particular. No se puede respetar a los irrespetuosos.

Esto tiene que ver también con algo que dijo John Stuart Mill: «La única libertad que merece ese nombre es la de buscar nuestro propio bien, por nuestro camino propio, en tanto no privemos a los demás del suyo o le impidamos esforzarse por conseguirlo. Cada uno es el guardián natural de su propia salud, sea física, mental o espiritual. La humanidad sale ganando más consintiendo que cada cual viva a su manera antes que obligándose a vivir a la manera de los demás».

El primer mandamiento, como los otros nueve, lleva implícita la amenaza del castigo en caso de que no se cumpla. Yahvé había prometido proteger al pueblo judío, el elegido, pero con la condición de cumplir al pie de la letra el Libro de la Ley. La palabra de Dios daba lugar a pocas interpretaciones: «Mira, hoy he puesto ante ti la vida y la felicidad, pero también la muerte y la desgracia. Si escuchas los mandamientos de Yahvé, tu Dios... entonces vivirás y tendrás muchos hijos y el Señor, tu Dios, te bendecirá...

pero si no haces caso a todo eso... te advierto que morirás sin remedio».

Cuando leo esto y pienso que hay gente que cree lógico que exista el castigo a estas cuestiones, insisto en que lo primero que hay que dejar claro, es que la ética de un hombre libre nada tiene que ver con los castigos, ni con los premios repartidos por la autoridad, sea ésta humana o divina, que para el caso es lo mismo.

Sobre la observancia del primer mandamiento y su relación con la intolerancia, el rabino Isaac Sacca[5] asegura que «hay que estar muy atentos a cómo está expresada la orden "no tendrás otros dioses delante de mí" ya que, interpretando la cuestión de mala manera, se corre el riesgo de que pueda ser utilizada para practicar la intolerancia y la imposición de ideas».

Según el judaísmo se trata de un asunto bilateral entre Dios y el ser humano, a quien no se le pide que intente convencer o hacerlo cumplir a otra persona, sino sólo que se ocupe de sí mismo.

Este comentario del rabino Sacca no impide que, tal como él lo define, el mandamiento pueda caer en malas manos que hagan un uso indebido del mismo y se transforme en una herramienta de exclusión. Ya hemos dicho que las leyes han sido inventadas y modificadas por los hombres, y está claro que una misma ley puede tener varias interpretaciones. Pero las visiones sobre Yahvé, Moisés y los diez mandamientos son innumerables y surgen desde todos los ángulos ideológicos. El historiador socialista Emilio Corbière[6] considera el Antiguo Testamento «como la parte más negativa. Allí se plantea una visión de dios terrible, casi malvado, perseguidor. Es realmente la visión de un dios despótico Yahvé-Jehová. Pero también es la historia de la liberación; el movimiento de liberación nacional de un pueblo. Es decir, se trata de una visión revolucionario-popular de un pueblo oprimido, en este caso por el Imperio romano. Por lo tanto, el Antiguo Testamento es la historia del crimen, de la traición, de las guerras, de las relaciones poco comunes entre madres e hijos y padres e hijas y, por otro lado, la lucha ejemplar de ese mito de Moisés, que no se sabe si era judío o un egipcio revolucionario».

ÍDOLOS E IDOLATRÍA

El tema de las imágenes y los ídolos en la religión ha marcado una de las grandes diferencias entre católicos y judíos. El texto del primer mandamiento que figura en el Antiguo Testamento dice: «Se prohíbe realizar esculturas, imagen alguna ni de lo que hay arriba de los cielos, ni de lo que hay debajo en la tierra, ni de lo que hay en las aguas debajo de la tierra. No te postrarás ante ellas, ni le darás culto».

Los católicos eliminaron esa precisión pero en ambas religiones, y aun con la diferencia de matices, hay una clara oposición a la idolatría.

Frente a la cuestión de las imágenes religiosas, la Biblia y la realidad histórica han demostrado ser contradictorias. Pese a la prohibición de hacer esculturas, el templo construido por Salomón en Jerusalén estuvo repleto de ellas. Junto al Arca de la Alianza se habían tallado en madera dos enormes querubines. También se podían observar bajo el depósito de agua de las purificaciones doce toros de metal.

«Los recipientes para las abluciones litúrgicas —dice el padre Ariel Álvarez Valdez— estaban revestidos con imágenes de leones, bueyes y querubines, todo con el consentimiento del propio Dios. Y por si esto fuera poco, una enorme serpiente de bronce, que había labrado Moisés en el desierto por orden de Yahvé para sanar a cuantos mordidos por ofidios la miraran, estuvo doscientos años expuesta en el Templo hasta que el rey Ezequías la eliminó.»

Con este ejemplo, se vuelve a ratificar que las leyes se modifican al igual que sus interpretaciones, más allá de sus orígenes humanos o divinos. No digo que hecha la ley hecha la trampa, pero el ámbito jurídico, como todo, es adaptable a cualquier situación.

Yo no sé si Dios habrá muerto, como dijo Nietzsche y han repetido tantos otros después de él. Pero es innegable que los ídolos gozan de una excelente salud. Vivimos en un mundo en el que, multiplicados por las comunicaciones y la imagen, su presencia es casi abrumadora. Tenemos ídolos en el fútbol, la pantalla, la canción, el dinero, el triunfo social o la belleza. Convivimos con idolillos portátiles y pequeños, algunos casi simpáticos y entrañables, como el E. T. de Spielberg, u otros que se nos hicieron próximos y amables. También los hay feroces, que exigen sacrificios de sangre. Ésos son los ídolos de la tribu. Los que convierten el propio grupo, la propia nación, la propia facción en un ídolo. Son aquellos que por desgracia suelen llevar a cabo sacrificios humanos.

Sin embargo, creo que hay ídolos benévolos, simpáticos, que nos ayudan a vivir, que nos traen alegría. La idolatría es algo inherente al hombre. El ser humano no lo puede evitar. Pero cuidado, tenemos que ser idólatras cautelosos, prudentes con lo que subimos a nuestros altares, porque a veces es difícil bajarlos sin que se derrame sangre.

Moisés y el pensamiento único

Creo que, en alguna medida, Moisés era un hombre muy realista. Era consciente de que tanto su sociedad como las anteriores, y con acertada intuición las futuras, no eran nada del otro mundo y que por lo tanto estaban llenas de defectos, de abusos y de crímenes. Fue así como el líder israelí hizo lo que estaba a su alcance para mejorar la comunidad en la que le tocaba vivir. Y pienso que está claro que, como tantas otras personas antes y después de él, luchó para que las relaciones humanas políticamente establecidas fueran simplemente eso: más humanas, o sea, menos violentas y más justas. Pero, como debió de ser un tipo bastante realista, seguramente nunca esperó que todo a su alrededor fuera perfecto.

Hay dos frases a las que se suele recurrir: «No trates a los demás como no quieres que te traten a ti» o, en positivo, «haz a los demás lo que quieres que te hagan a ti». George Bernard Shaw tenía un epigrama que sintetiza estas ideas: «No hagas a los demás lo que te guste que te hagan a ti, ellos pueden tener gustos diferentes». Aquí hay que tener cuidado, porque es en estos casos cuando se corre el riesgo de toparse con aquellos para quienes la única verdad es la suya o la de su dios.

Hoy está de moda hablar del «pensamiento único», que, según dicen algunos, imperaría después de la caída del Muro de Berlín y del derrumbe del sistema comunista de Europa del Este. No creo que el problema de la intolerancia pase por ese denominado «pensamiento único», porque para mí no existe como tal. En el mundo hay grupos que apuestan por el Fondo Monetario Internacional, y otros grupos «antiglobalización» que se manifiestan contra este organismo. Vivimos en un planeta donde existe bastante discordia y oposición de opiniones, así que es injusto, y un poco absurdo, hablar de un pensamiento único, aunque no son pocos los que desarrollan sus teorías en base a esta falacia. Sí, es cierto que existe una tendencia al pensamiento simple. Hay diversas concepciones simplistas: simplismo neoliberal y simplismo anticapitalista. Ante una realidad tan compleja como la que vivimos se le oponen «pensamientos descafeinados». La cuestión es que nuestro mundo está cada vez más unificado y tendemos a buscar soluciones que involucren a toda la humanidad. Soluciones que creemos que deben ser simples. Y esto es falso. Por este camino no vamos a llegar a mejorar este mundo, ya que la situación por la que atravesamos es de una complejidad mayor a cualquier otra que hayamos conocido a través de los siglos.

Durante la historia del hombre sobre la tierra, infinidad de ejércitos se han enfrentado en nombre de dioses o de creencias. Se habla incluso de un Dios de los ejércitos; todos tienen sus capellanes castrenses, sus banderas y estandartes. En 5.500 años de historia, para no ir más lejos, se han producido 14.513 guerras que han costado 1.240 millones de vidas y nos han dejado un respiro de no más de 292 años de paz, aunque seguro que durante dicho tiempo también debieron de haber guerras menores en curso. En el momento en el que usted lea estas estadísticas ya se habrán convertido en anticuadas. Estas cifras tienen la particularidad de incrementarse minuto a minuto por obra y gracia de los propios hombres. De hecho, una gran parte de las guerras tuvieron su origen en desencuentros e intolerancias debidas a distintas creencias. Pero también está claro que, casi siempre, lo religioso fue una simple excusa para resolver diferencias territoriales o económicas. Como verán, nada ha cambiado.

Hoy en día podemos ver en nuestras casas, sentados cómodamente ante el televisor, a aquellos que mediante atentados tiran abajo edificios en nombre de una divinidad vengadora que persigue al Gran Satán Occidental. Y desde Estados Unidos se utiliza una frase arcaica: «Dios está con nosotros». Un lenguaje propio de la época de las Cruzadas. Nos encontramos en pleno auge de la justificación teológica de los enfrentamientos terrenos.

Evangelización: conversión o muerte

Casi todas las religiones han tenido una vertiente proselitista y misionera que trató de extender sus enseñanzas como un pensamiento indiscutible. El cristianismo y el islam son las más expansivas. Pero para ser sinceros, se pueden encontrar elementos misioneros en muchas otras creencias.

La idea predominante a lo largo de la historia es que el hombre religioso tiene la obligación de llevar la buena nueva y tratar de imponerla. Y para lograr estos objetivos se ha recurrido tanto a mansos pastores como a promotores de la palabra de Dios, o a fieros soldados cuyo lema fue: «La religión con sangre entra». Por supuesto que ofrecer y utilizar la persuasión para dar a conocer la buena nueva no tiene nada de malo. La cosa cambia cuando el mandato pasa a ser: «Conviértete o muere».

En su *Tratado de la tolerancia* Voltaire decía que el lema de todos los fanáticos era: «Piensa como yo o muere». La historia nos ha mostrado innumerables ejemplos de cómo los misioneros, los evangelizadores y los proselitistas, al no poder persuadir por las buenas a los no creyentes, han impuesto este terrible dilema de la conversión o la muerte.

Es evidente que el proselitismo religioso está más acentuado en las religiones viajeras e itinerantes. El ejemplo claro es el cristianismo con sus variantes, y el islam. Los conquistadores españoles impusieron sus verdades a los conquistados, pasando por sangre y fuego a quienes no querían aceptarla.

Pero hay que aclarar que esta forma de imponer la religión por la fuerza no es una característica exclusiva de las religiones. Creo que esto se ha contagiado a otras formas de ideología. Hay doctrinas políticas, nacionalistas y raciales que practican los mismos métodos: «Debes pensar como nosotros o de lo contrario tu destino será la exclusión, la expulsión o la muerte, porque no podemos convivir con quien no comparte nuestras creencias».

El ejemplo de esta concepción se dio entre 1482 y 1492, con uno de los tres confesores de la reina Isabel la Católica: Torquemada, el Inquisidor. Su nombre aparece ligado a tres mil ejecuciones en la hoguera y un número varias veces superior de encarcelamientos, confiscaciones y torturas. Aquí estamos en presencia del misionero fanático, que va más allá de las obligaciones de su misión y se transforma en un ser absolutamente negativo para la sociedad.

En definitiva, Adolf Hitler, Joseph McCarthy, Francisco Franco, Josef Stalin, Augusto Pinochet y Jorge Rafael Videla —por mencionar sólo algunos exponentes— se consideraban misioneros que debían salvar al resto de los humanos obligando por la fuerza a adoptar sus convicciones a quienes no creían en ellas.

Pero esta tendencia misionera suele tener sus tropiezos. Un libro delicioso, *La Biblia en España*,[7] que traza un cuadro absolutamente fresco del país de los siglos XVIII y XIX, cuenta las peripecias de George Borrow, un evangelista inglés que recorrió la península vendiendo biblias protestantes. En un momento de su recorrido Borrow llegó a Andalucía y se encontró con un campesino que estaba arando la tierra. Se le acercó con su libro y le dijo: «Amigo, yo soy protestante, vengo aquí con la Biblia y quiero explicarle lo que pensamos». Pero el campesino lo interrumpió explicándole: «Mire usted, no se moleste, porque si yo no creo en la religión católica, que es la verdadera, cómo voy a creer en la protestante que es la falsa».

Hubo cientos de miles de Borrows recorriendo el planeta y muchos más soldados tratando de imponer sus verdades por la fuerza. Pero ahora estamos además en presencia de una nueva situación que Yahvé y Moisés nunca imaginaron: la expansión de los medios de comunicación, lo cual ha creado nuevos campos de batalla donde los evangelizadores no se dan tregua ni cuartel. En el medievo los predicadores llenaban las iglesias y catedrales y hablaban como mucho para dos o tres mil personas. Un representante que hablase en la Asamblea de Atenas rara vez lo hacía para más de quince o veinte mil asistentes. Las investigaciones más recientes indican que el propio Jesús en su momento de mayor convocatoria, durante el Sermón de la Montaña, logró reunir a sólo treinta mil personas, una multitud en aquellos años, pero que hoy significan menos de medio punto en las mediciones de audiencias televisivas. El desafío de los telepredicadores y de los papas viajeros consiste en ser capaces de dirigirse a millones de personas; enfrentándose también, como contrapartida, al hecho de que las idolatrías tienen el mismo beneficio de la hipercomunicación, y en este campo la competencia por la audiencia suele ser desfavorable para la divinidad, sea cual sea, frente a, por ejemplo, las patéticas peripecias de los concursantes de *Gran Hermano*.

La comunicación ha aumentado la proyección de las ideas, sean éstas malas, piadosas, intolerantes, fanáticas y hasta de ansias redentoras. Los medios han magnificado lo que antes era casi un movimiento de corazón a corazón, o de persona a persona. Hoy se trata de un eco universal. Es una situación que implica aspectos terribles y que quizá en algún momento pueda involucrar otros liberadores. El desafío consiste en evitar que la palabra caiga desde arriba sobre las personas y en posibilitar que los individuos se comuniquen cada vez más entre sí para que puedan cambiar opiniones entre ellos.

> Nada malo puede pasarme que Dios no quiera, y todo lo que él quiere por muy malo que nos parezca es en realidad lo mejor.
>
> Carta en la que TOMÁS MORO consuela a su hija antes de ser ejecutado

En este fragmento Tomás Moro presenta una actitud fatalista. Pero se trata de un fatalismo alegre, que se justifica a sí mismo.

A través de las épocas, los hombres han aprendido a aceptar el destino porque no hay forma de luchar contra él. Lo que aporta esta visión de Moro es la dimensión del destino como producto de una voluntad, que sabe lo que es mejor para nosotros aunque ello implique nuestra destrucción y eso haga que desaparezcan nuestros proyectos y deseos, por esa situación fatal que se nos impone. Nietzsche habló también del amor al destino, y del deseo, no sólo de aceptarlo, porque es irremediable, sino también de amarlo como lo que es más propio. Quizá la versión de Tomás Moro sea la variante religiosa de ese amor al destino.

Durante siglos se tomó como irremediable la transmisión de los conocimientos y convicciones religiosas de padres a hijos. Era lo natural. Pero hoy el planteamiento consiste en cómo enseñar las creencias personales a nuestros descendientes. Por una parte, si consideramos que algo es verdadero, bueno y útil, intentamos que nuestros hijos compartan ese saber. Educar es seleccionar de todo lo que conocemos aquello que nos parece más relevante e importante para transmitirlo. Por lo tanto, es lógico para la persona religiosa que sus creencias deban ser transferidas a sus hijos. Pero, por otra parte, se debe respetar la posibilidad de que el hijo escuche otras voces, otros puntos de vista y conocimientos. Entonces es cuando los padres debemos asumir que nuestros hijos podrían no tener las mismas ideas o creencias que nosotros, lo que para algunos suele ser muy duro. Pero no es obligatorio que la serie se prolongue de padres a hijos, como bien supo un proselitista fascista de la época de Mussolini. El personaje iba por los pueblos pregonando la buena nueva del fascismo. Encontró a un muchacho y le dijo que debía afiliarse al Partido porque era el futuro de Italia. Entonces el joven le contestó: «No, mira, mi padre era socialista, mi abuelo era socialista, tengo otros parientes comunistas. Yo no puedo hacerme fascista». El militante del «fascio» arremetió indignado: «¿Qué argumento es ese de que tu padre y de que tu abuelo? ¿Y si tu padre fuera un asesino; y si tu abuelo hubiera sido un asesino?». El muchacho lo interrumpió: «¡Ah!, entonces sí... entonces sí me haría del partido fascista».

II

No tomarás el nombre de Dios en vano

El escritor tiene un cambio de opiniones con el Señor

Vamos a ver... porque hay cosas que me parecen un error de tu parte. Prohibiste la utilización de tu nombre en vano. Pero deberías entender que hay veces en las que uno no puede cumplir aquello que prometió en nombre tuyo. Eso no es porque uno carezca de intención, ni porque no ponga la mejor voluntad del mundo para cumplir. Creo que deberías sentirte halagado de que los hombres echemos mano de tu nombre de forma constante para apoyar nuestros juicios y promesas. No sólo lo hacemos en esos momentos, sino también cuando mostramos enfado. Y aunque te parezca un contrasentido, si blasfemamos lo hacemos de alguna manera como un homenaje. Hay veces que nos sentimos tan indignados que la única forma que encontramos para enfrentarnos al mundo es meternos contigo directamente. En fin... tu nombre ha sido utilizado durante siglos para apoyar la jurisprudencia, negocios, gobiernos, etcétera. Mira la importancia que tiene el poder jurar en tu nombre, que cuando necesitamos convencer a alguien de que lo amamos nos respaldamos en ti. ¡Cuántas veces te habrás enfadado al escuchar: «Mi vida, te necesito tanto..., te lo juro por Dios!».

Bueno... bueno... tienes razón... tal vez abusamos un poco, pero pienso que tu mayor motivo de preocupación debería ser la falta de respeto que la gente tiene hoy por tu nombre. Es decir, juran amor y después lo traicionan. Los políticos juran que van a cumplir todo tipo de precep-

tos, que van a hacer toda clase de hazañas en tu nombre, y cuando empiezan a ejercer como funcionarios se olvidan de ti con suma facilidad. Parece que tu nombre se va devaluando, está perdiendo fuerza, aunque te caiga fatal, y eso no está bien para cualquier divinidad que se precie como tal.

Dios como testigo cuando se jura o se promete

Cuando era pequeño y quería asegurar algo decía: «Te lo juro», y el otro preguntaba: «¿Juras o prometes?»... y claro, en esa situación uno retrocedía porque eso de jurar ya era excesivo, y entonces decía: «Lo prometo». Así aliviaba mi conciencia porque, al no tener una ofrenda del testimonio divino, quería decir que se podía saltar lo prometido. Por esa razón, siempre los niños pedíamos: «No prometas, júramelo». «No... no... sólo lo prometo porque no se puede jurar». Allí ya se planteaba la dialéctica. Todos sabíamos que prometer era una cosa muy poco fiable. Había que escuchar de la boca del otro: «Te lo juro por ésta», y entonces eso lo convertía en algo definitivo... o por lo menos, casi definitivo.

Y éstas son situaciones que no sólo han tenido importancia en los juegos infantiles, sino también en la historia política. John Locke, en su libro *Tratado sobre la tolerancia*, obra fundamental para propugnar la tolerancia en Europa, excluía de las normas políticas a los ateos. Admitía en su «Estado ideal» a todas las Iglesias y creencias, pero no a los ateos. ¿Por qué? Sencillo, los ateos no eran fiables cuando juraban, que era algo básico en los procesos civiles de la época. Había que jurar cargos y la aceptación de las leyes ante los tribunales, entre otras cosas; por lo tanto, un ateo no era fiable porque juraba con toda tranquilidad y luego no cumplía o no podía cumplir lo que decía.

Es como un juego. Ponemos a Dios como testigo, aun sabiendo que no vamos a cumplir o que podríamos llegar a no cumplir.

Lo mismo pasa con nuestros circunstanciales interlocutores, quienes no le dan la mínima importancia a nuestro juramento. En definitiva, todos los que participamos de esa ceremonia hemos usado el nombre de Dios.

Lo utilizamos como un testigo trascendental, aunque sepamos de antemano que no va a poder intervenir públicamente para respaldar lo que uno afirma o niega. Es una especie de ritual de sobreentendidos, por no decir malentendidos, que en algunas ocasiones, salvo milagros, podría dar lugar a situaciones curiosas.

Existe una leyenda española, la del Cristo de la Vega, de Toledo. Habla de un soldado que antes de partir hacia la guerra le prometió matrimonio a una doncella. Se lo juró frente al Cristo de la Vega, un crucifijo que existe en la ciudad. El muchacho volvió luego de unos años, sano y salvo, pero ya no estaba enamorado de esa chica. Entonces se negó a cumplir con la promesa y todo derivó en un escándalo en el que intervino un juez, quien le preguntó a la dama si tenía algún testigo del hecho. Ella contestó: «Pues sí, estaba el Cristo de la Vega». Entonces al juez no se le ocurrió nada mejor que enviar a un escribano para tomarle declaración al Cristo. Todo esto que a nosotros nos parece descabellado, la leyenda lo transforma en un hecho razonable, ya que cuando el escribano le preguntó al Cristo si juraba haber presenciado los hechos que se discutían la figura de madera, muy segura de sí misma, descolgó una de sus manos que estaban clavadas en la cruz y afirmó: «Sí, juro». Más allá de la historia piadosa que fue inventada por Zorrilla, hoy uno puede ver al Cristo de la Vega con una de sus manos desclavadas de la cruz. Podríamos decir que éste es uno de los pocos casos conocidos en los que este testimonio trascendental se cumple.

Lo que pasa es que, con el tiempo, cuando los juramentos y los «te quiero» se multiplican, muchas veces lo hacen en vano, van perdiendo fuerza, se convierten en una simple moda y pierden veracidad. Hay muchos amantes descarriados que todavía prometen el oro y el moro pero cuando llega el momento cumbre de pronunciar las dos palabras más esperadas: «Te quiero», el terror los invade. Incluso conozco a mucha gente que sin ser creyente, si se encuentran frente a una situación donde deben prestar un juramento, un incómodo escalofrío les recorre la espalda.

El jurar era una parte fundamental en los juicios que se llevaban a cabo en el mundo judío. Por lo tanto el mandamiento era muy claro en ese sentido: no había que emitir falsos juicios, porque podían perjudicar al prójimo. El juramento era el elemento clave, tomado en cuenta por los jueces en sus decisiones y servía también como forma de mantener el orden social.

Por lo tanto, los israelitas debían ser muy cuidadosos y mesurados en la utilización del nombre de Dios. Cuanto menos se manoseara la palabra, más valor tenía.

En ese sentido el rabino Isaac Sacca dice que «si uno utiliza el nombre de Dios para asuntos banales, está despreciando la palabra y el nombre de Dios, y por carácter transitivo está despreciando al mismo Dios».

En la vida cotidiana el jurar es casi un acto reflejo. Como en tantas otras cuestiones, algunos religiosos se niegan a aceptar esta costumbre. Al respecto, el rabino Sacca explica que: «El juramento excesivo no es bien visto en el judaísmo. Sí es correcto hacerlo por algo serio en el momento adecuado. En ese caso se puede y se debe utilizar, aunque siempre contemplando la extensa reglamentación que tenemos al respecto que indica las formas y las causas que permiten hacerlo».

Pero, como en otros casos, las leyes de Moisés fueron superadas por la utilización del lenguaje. Cuántas veces habremos dicho «te juro que es cierto, que vi a fulano de tal en ese lugar». Esto no implicaría nada más que el refuerzo de algún relato o una idea, y no pretende ofender a Dios. Creo también, que salvo algún troglodita nostálgico de la Inquisición —que nunca falta—, los mismos religiosos hablan hoy del tema como una simple formalidad. Porque en realidad lo que importa es lo que acompaña al juramento, la afirmación que se intenta respaldar y si existe intención de perjudicar a alguien con una mentira. El padre Ariel Busso,[8] decano de la Facultad de Derecho de la Universidad Católica Argentina no cree que en estos casos haya intenciones ofensivas hacia Dios: «Cuando alguien dice "Te juro que es cierto" y se lleva los dedos en forma de cruz a la boca, la gente no quiere ofender a Dios. El problema es cuando se lo invoca en forma oficial, sabiendo de antemano que lo van a traicionar. Total, lo anotan en la cuenta de Dios, que no castiga como los hombres con la cárcel o con una pena que duela».

Lo que hoy subsiste en lo profundo de nuestra sociedad es el miedo reverencial al nombre de Dios y de Jesús, fuera de los contextos estrictamente religiosos o culturales que prescribe la Biblia. Tal como dice Luis de Sebastián en su libro *Los mandamientos del siglo XXI*: «Ha quedado en la tradición protestante, y por contagio probablemente también entre los católicos anglosajones, que se escandalizan ante el hecho de que un hombre lleve el nombre de Jesús. Pongo por testigo a Jesús Luzurraga, un compañero mío en la Universidad de Oxford a quien los ingleses no se avenían a llamarle por su nombre, porque les sonaba como una auténtica blasfemia, o al menos como un desacato a la divinidad».

En la actualidad, los tribunales seculares tienen una figura, que es la del «falso testimonio», con la que se puede acusar al que incurre en él, luego de jurar y después mentir ante un tribunal. Por lo tanto, es cierto que el juramento se ha devaluado. Pero también es verdad que su significado ha perdurado a través de los siglos y vive dentro de una de las instituciones fundamentales de la sociedad moderna: la justicia, ámbito donde nació.

Pero si bien es verdad que en la actualidad el juramento en

nombre de Dios ha perdido su contundencia, no es menos cierto que en términos generales todas las palabras han perdido su valor. Sobre todo el valor de la «palabra empeñada». Me decía un amigo empresario televisivo: «Hasta no hace muchos años, te dabas la mano con tu interlocutor y el negocio estaba cerrado, sólo quedaba que los abogados se ocuparan del resto. Hoy todo ha cambiado, no hay palabra ni apretón de manos que valga, estamos en un mundo sin códigos». No quiero desalentar a mi amigo, pero en todo caso lo que han cambiado son los códigos, que siempre existen. Lo que sucede es que uno no se adapta o no quiere adaptarse a los nuevos que aparecen.

Ocurre además que la palabra oral ha perdido importancia frente a la escrita. El padre Busso es más explícito en este tema: «El problema no es el hábito de jurar, sino la pérdida de los valores. Estamos en un mundo donde las cosas que se dicen no tienen valor. Vivimos en la cultura de la falsedad y entonces es muy probable que el juramento se utilice para respaldar la mentira, que es lo habitual».

Cuando Yahvé le entregó sus leyes a Moisés en el monte Sinaí, el pueblo judío entendió que no había diferencias entre las normas religiosas y las seculares. Todo era una sola cosa. Entonces se planteaba el inconveniente de siempre: que como Dios no podía atender uno por uno a todos los hombres, otros individuos harían el trabajo por él.

Con Cristo y su Sermón de la Montaña, se produjo un cambio que se convirtió en definitivo cuando el cristianismo pasó a ser la religión oficial del Imperio romano. Entonces, se produjo una clara diferencia entre lo religioso y lo civil. De cualquier manera, las Iglesias siempre se las ingeniaron para reforzar su poder, y lograron manipular ciertas normas civiles. Por lo tanto, algunos de los mandamientos que no son más que el fruto del sentido común, con o sin Dios de por medio, pasaron al fuero civil:

«No matarás»; «No robarás»; «No levantarás falsos testimonios»; «No codiciarás los bienes ajenos».

Qué juramos cuando juramos

En los usos del lenguaje hay una serie de expresiones que reciben el nombre técnico de uso «performativo». Son aquellas que significan hacer algo, es decir, que no solamente enuncian o señalan, sino que al proferirlas se está realizando una acción. Por ejemplo, decir «sí, juro», no es solamente enunciar una frase, sino también realizar algo. El acto de jurar consiste en decir «sí, juro». Decir «te quiero» implica el acto de querer, ya que significa en forma explícita que quieres al destinatario del enunciado. De allí la exigencia del «júramelo» o «dime que me quieres», porque no se trata de frases de adorno o de explicación. Son palabras que conllevan en sí mismas la acción que se enuncia. Liga y compromete de manera automática a quien las diga.

De todas maneras, creo que no siempre es conveniente que algunas personas cumplan con lo prometido. Si bien la historia está llena de gente que no cumplió con lo que dijo que iba a hacer, desgraciadamente también está cargada de dictadores y asesinos que prometieron masacres y venganzas que hicieron realidad en nombre de una justicia pergeñada para ellos mismos.

Muchas veces, hasta el hacer valer promesas absurdas se volvió en contra de quienes las profirieron. Tal fue el caso de Jefté, uno de los jueces de Israel, quien luego de vencer en una batalla, le prometió con ligereza a Dios que, en agradecimiento, cuando llegara al lugar donde vivía, sacrificaría a la primera persona que saliera a recibirlo. Nunca imaginó que la primera que aparecería iba a ser su hija, la única que tenía. Sin dudarlo ni un instante, la mató y la quemó sólo para cumplir con su promesa a Dios.

Queda claro que es un error pensar que lo mejor es que siempre se cumplan las promesas.

Sangre, sudor y lágrimas

Sin duda son los políticos quienes, en cualquier lugar del planeta, cargan, con mayor o menor justicia, con el sambenito de ser quienes más promesas hacen y, por contra, los más incumplidores.

Uno de los episodios más impresionantes se encuentra en los escritos de Platón cuando en la Carta VII cuenta su malhadada aventura y se le acusa de intentar convertir al tirano Dionisio en una especie de rey filósofo como él soñaba. En un momento determinado, un amigo de Platón y de Dionisio tuvo que huir porque el tirano había decidido matarlo. Platón intercedió y Dionisio le dijo que el exiliado se presentase con toda tranquilidad porque él prometía perdonarlo. Cuando el perseguido volvió fue de inmediato condenado a muerte y ejecutado. Platón, conmocionado, fue a protestarle a Dionisio: «Tú me habías prometido perdonarle», dijo. Entonces el tirano miró a Platón con frialdad a los ojos y le dijo: «Yo no te he prometido nada».

Ésta es la verdad. El tirano no promete nada. Es decir, puede hacer el gesto de prometer, puede pronunciar las palabras, pero no las considera un compromiso, porque se siente por encima de todos y nadie le puede obligar a cumplir con lo que él dice.

Muchas veces somos demasiado exigentes con las promesas de los políticos. Estos personajes las utilizan para ofrecerse y venderse a los electores.

De todas formas, habría que preguntarse: ¿les toleraríamos que no nos hicieran esas promesas? ¿Realmente votaríamos a un político que confesara sin pudor sus limitaciones, o que reconociese que las dificultades son grandes y que, a corto plazo, no podría resolver los problemas, o que va a exigir grandes sacrificios a la población? ¿Cuántos hombres podrían prometer, como hizo Winston Churchill durante la Segunda Guerra Mundial: «Sangre, sudor y lágrimas»? ¿Admitiríamos que un político nos dijese la verdad con crudeza, y nos exigiese que le aceptásemos?

Muchas veces nos quejamos de que los políticos mienten, pero de forma inconsciente les pedimos que lo hagan. Nunca los votaríamos si dijesen la verdad tal cual es, si no diesen esa impresión de omnisciencia y omnipotencia que todos sabemos que están muy lejos de poseer. De modo que aquí hay una especie de paradoja: por un lado no queremos ser engañados por los políticos, pero a la vez exigimos que lo hagan.

> La mejor manera de cumplir con la palabra empeñada es no darla jamás.
>
> NAPOLEÓN BONAPARTE

El arte de hacernos creer lo que nunca se va a cumplir

Pero hay varias profesiones que le disputan a los políticos la explotación de las promesas y el acto de involucrar a Dios en sus intereses. Allí tenemos a la publicidad, que se mete con nosotros a cada paso que damos. «Si encuentra usted un detergente que lave más blanco le devolvemos su dinero.» Este tipo de promesas y otras aún más impactantes —porque esa promesa del jabón en polvo no es en realidad tan estruendosa— son constantes en la televisión, en la radio y en los periódicos.

La publicidad es una sarta permanente de promesas y juramentos al consumidor. «Esto es lo mejor»; «esto contiene los productos más naturales»; «esto es lo que a usted le producirá mayor satisfacción»; «compare con otros».

Lo curioso es que creemos a personas que nos intentan persuadir de cosas que sólo los benefician a ellos, cuando en otros ámbitos no mostramos tanta credulidad. Confiar en un publicitario es hacerlo en alguien que está sacando beneficio de nuestra credibilidad. Éste también es un juego parecido al que desarrollamos con los políticos, pero con distintas características. Marcelo Capurro,[9] publicitario y periodista, considera excesivo el uso de la imagen o el nombre de Dios en campañas publicitarias. «Sobre todo porque existe una visión impuesta por Hollywood que presenta, por ejemplo, un Cristo rubio y de ojos celestes como el de *Rey de Reyes* protagonizado por Jeffrey Hunter. Los americanos se han inventado su imagen física de Dios, que tiene más de noruego que de semita. Estoy en contra de la utilización del nombre de Dios de manera frívola, sobre todo cuando invade y ofende a los creyentes. Por otra parte, no creo que la imagen o el nombre de Dios hoy tenga un peso lo suficientemente positivo en una campaña publicitaria como para aumentar las ventas del producto promocionado.»

De cualquier manera, en nuestro lenguaje, las expresiones de juramento, promesa con el refrendo divino, son omnipresentes, quizá como resultado de atavismos de ciertas épocas del lenguaje. Después de todo, Dios siempre está allí para poder darle las gracias por lo bueno que ocurre, o maldecirle o llorarle por lo malo que nos pasa.

Muchas veces los orígenes divinos están integrados en nuestras fórmulas verbales. Por ejemplo, «ojalá» quiere decir «Alá lo quiera», y se trata de una expresión en la cual todos hacemos una profesión de fe musulmana cada vez que la utilizamos, aunque sin saberlo, ya que son expresiones que están integradas a nuestros usos lingüísticos y sociales.

Insultar a Dios

El segundo mandamiento contempla también el precepto de no blasfemar. Blasfemia significa, según el diccionario de la Real Academia: «Palabra injuriosa contra Dios, la Virgen o los santos».

Para Luis de Sebastián el respeto a esta norma debe ser más amplio, y tiene que definirse como el mandamiento de la tolerancia. «Pero lo hacemos no en virtud de dogma alguno —dice—, sino en virtud de la tolerancia necesaria en un mundo con una gran pluralidad de religiones y creencias filosóficas. Esto se debe aplicar especialmente a los católicos practicantes y a todos los fundamentalistas que están dispuestos a morir y matar por defender la unicidad, la verdad y suprema importancia de su religión. La blasfemia es una curiosidad mediterránea, porque fuera de estos pueblos católicos no debe haber sitio alguno donde se blasfeme como en España.»

La blasfemia además tiene un contenido social. Durante muchos años «cagarse en Dios» o «cagarse en la hostia», significaba hacerlo en Franco, porque estaba todo íntimamente ligado, y se transformaba en una forma de protesta contra el régimen.

En el libro *Mi último suspiro* el director de cine Luis Buñuel agrega: «El idioma español es, ciertamente, el más blasfematorio del mundo. A diferencia de otros idiomas, en los que juramentos y blasfemias son, por regla general, breves y separados, la blasfemia española asume fácilmente la forma de un largo discurso en el que tremendas obscenidades, relacionadas principalmente con Dios, Cristo, el Espíritu Santo, la Virgen y los santos apóstoles, sin olvidar al Papa, pueden encadenarse y formar frases escatológicas e impresionantes. La blasfemia es un arte español. En México, por ejemplo, donde sin embargo la cultura española se halla presente desde hace cuatro siglos, nunca he oído blasfemar convenientemente».

Nadie ofrece tanto como el que no piensa cumplir

En efecto, si uno no piensa dar nada, entonces, ¿por qué no prometerlo todo? Ése es el éxito de los grandes estafadores, que siempre hacen unas ofertas irresistibles porque no piensan cumplir con nada de lo que predican. Entonces, si tú no vas a dar nada, por lo menos sé generoso en la cantidad de lo que prometes, dado que no lo serás a la hora de cumplir.

De cualquier manera, la vida cotidiana nos muestra que el juramento se desvirtúa, va bajando de calidad, al convertirse en un mero acto ritual, a veces exigido y que uno no puede evitar.

Recuerdo que, cuando era joven e ingresé en la universidad, los alumnos y los catedráticos teníamos que firmar una adhesión a los principios del Movimiento Nacional y de su caudillo, Francisco Franco. Si no lo hacías, no podías participar de la vida universitaria. Y allí íbamos y firmábamos ese papel sin mirar, y sin hacerle ningún caso, y luego te dedicabas al activismo político en contra de lo que uno acababa de asegurar que acataba. Era un ejemplo de la banalización de un juramento. Pero como ya hemos visto en el caso del desgraciado Jefté, el israelita que sacrificó a su hija, en la vida universitaria de aquellos tiempos lo correcto era no cumplir con lo que se juraba.

Lo curioso es que estamos en un mundo que se basa en buena medida en el crédito, que significa dar por bueno un juramento, una promesa. Por ejemplo, el dinero, las tarjetas de crédito, los cheques, incluso el propio patrón de conversión de las divisas de cada país, todo se basa en el crédito. Uno cree que hay algo que respalda el billete que tiene en el bolsillo; uno cree que la tarjeta será respaldada por su banco y el banco cree que el individuo la pagará; uno cree que el cheque que recibió tiene fondos. Estamos dándonos créditos unos a otros. Llama la atención que sea en el mundo del crédito donde el juramento y la promesa se hayan trivializado.

NO TOMARÁS EL NOMBRE DE DIOS EN VANO

Promesas, juramentos. Hay leyes civiles que se crean para reforzar lo que se ha prometido en un documento público. Hay también legislación religiosa que castiga al que jura en vano. Sin embargo, al que sufre un fraude y es engañado, le da igual saber si el que le hizo daño será castigado por la justicia de Dios o por la justicia humana. Lo único que querrá saber es en qué se verá afectado el que lo perjudicó y si podrá recuperar algo de lo que perdió.

«No tomarás el nombre de Dios en vano.» ¿Qué implica entonces esto? Más allá de cuestiones religiosas quiere decir que no se debe utilizar a Dios. Que no se deben utilizar las grandes palabras para abusar de la confianza de tus semejantes. No debes invocar en nombre de lo trascendente, de la divinidad, de los grandes valores, de las libertades, de los objetivos públicos de la sociedad, para abusar de la confianza de tus semejantes, para engañarlos, para someterlos a tu capricho o a tu deseo. Lo valioso no debe ser utilizado para la mentira y el fraude, porque produce un ambiente de banalidad que termina quitando el peso y valor a lo que debería ser más estimable.

III

Santificarás el día del Señor

El escritor tiene una discusión laboral con Dios

«Santificar las fiestas»... pues muchas gracias. ¡Por fin un mandamiento en el que se nos ordena algo agradable! Es el único caso de tu lista de prohibiciones en la que se recomienda algo divertido: un día de descanso, de fiesta y de satisfacción.

De cualquier manera, tampoco es tanto, es sólo un beneficio sobre diez obligaciones. Pero, la verdad, es mejor esto a no tener ninguno. No... no creas que nosotros no te lo agradecemos. Quizá no tanto como tú quisieras, pero reconoce que siempre eres un poco exagerado, ya sea para ordenarnos como para pedir agradecimientos.

Sí... también sé que siempre generamos la discordia y no nos ponemos de acuerdo acerca de cuál es el día que propusiste para el descanso. Los musulmanes consideran el viernes, los judíos insisten con el sábado y los cristianos prefieren el domingo. Supongo que además habrá otras religiones que tendrán sus propios días, que no son ni viernes, ni sábado ni domingo.

Pero debes reconocer que es muy difícil cumplir este mandato porque, en definitiva, mientras hay alguien descansando otros tienen que trabajar. Además, en este mundo sucedió algo que ni tú ni Moisés imaginasteis en su momento, y es que a muchos hombres les iba a ser imposible tener un día de descanso, porque lo que no tendrían sería trabajo. Entonces, ¿descansar de qué?

El problema de millones de seres humanos en continentes enteros es que están en el paro. Son desocupados y ni se les ocurre pensar en los beneficios del tercer mandamiento porque lo que más anhelan es tener algo que hacer. Querrían poder cansarse trabajando, obtener beneficios para luego poder disfrutarlos. Descansan a la fuerza y, aunque no lo parezca, se trata de una situación que no es nada placentera. Así pues, muchísima gente ha cambiado su relación con el trabajo y con el ocio. Aunque, entre tú y yo, podrías haber sido más amable y haber puesto en la semana seis días de descanso y sólo uno para ganar el pan con el sudor de nuestra frente. De esta manera se habría repartido más el trabajo y es probable que todo el mundo tuviese ocupación. Sí, ya sé que no eres una agencia de empleo. Comprendo que estabas iniciando el mundo y no podías tener todo en la cabeza, con lo que algunas cosas se te pasaron. Pero si tú no has podido con todo, ¡imagina lo difícil que es para nosotros, que sólo somos seres de carne y hueso!

Descansar cuando se podía

«Recordad el día sábado para mantenerlo santo, trabajarás seis días y en ellos harás todo tu trabajo, pero el séptimo día es un día consagrado a Yahvé, tu Dios. En él no harás ningún trabajo, ni tu hijo o tu hija, ni el criado y la sirvienta, tu ganado o el viajero que esté en tu morada, porque en seis días Yahvé hizo el cielo y la tierra, el mar y todo lo que hay en ellos y descansó el séptimo día. Por eso Yahvé bendijo el día sábado y lo consagró.»

La idea de un día para santificar y que sea una fiesta ritual para ofrendar al Señor está ligada al concepto de semana. Para los griegos y los romanos cada uno de los días estaban dedicados a un dios determinado.

Además, como señala Luis de Sebastián, si las personas trabajaban de sol a sol todos los días del año, ¿cómo iban a dedicar tiempo al culto? «Y si no tenían tiempo para el culto y la religión, ¿cómo iban a ponerse bajo el influjo de los líderes religiosos del pueblo para ser dirigidos por ellos? ¿Cómo iban a dar sentido, poder social y consistencia económica al aparato religioso del templo, las sinagogas y los funcionarios? La institución del sábado, del día sagrado en que no se trabaja, es la forma histórica de reserva de tiempo de la vida humana para la religión y hacerla así socialmente relevante.»

Una jornada para un Dios, fuera del mundo del trabajo, quedó unida a la rutina en las ciudades, la de los comerciantes, y la de aquellas personas que abandonaron el campo. Los campesinos nunca han trabajado, ni en el pasado ni hoy, dividiendo su tiempo en semanas, sino según las estaciones y las épocas del año. Tenían que sembrar en un momento y cosechar en otro y no podían atenerse al pequeño período de siete días.

Esta rotación abstracta de una semana no tiene nada que ver con el sol, la lluvia o el viento, pues está relacionada con la forma de acotar el tiempo en la ciudad. El día de descanso es una cesura en ese ininterrumpido camino de las semanas laborales, que apareció cuando los seres humanos dejaron de lado los trabajos más ligados a los ciclos de la naturaleza. Entonces se inventó ese miniciclo perpetuo, al margen del calendario solar, que es la semana laboral tal y como hoy la conocemos. Por lo tanto, el día de descanso es una convención que sortea la naturaleza, en el que nada tiene que ver el sol ni las estrellas, ni las siembras ni las cosechas.

El catedrático José María Blázquez[10] explica que «en el mundo judío había cinco grandes fiestas, planificadas en función de la agricultura, que al parecer estaban copiadas de los cananeos y los fenicios. Estas grandes fiestas, como la de los Tabernáculos, las Pascuas, etcétera, eran de carácter obligatorio y generaban una interrupción en el trabajo, porque la gente debía desplazarse hasta Jerusalén, que era el centro de la celebración».

Los cristianos cambiaron el día a santificar, que en su religión pasó a ser el domingo. ¿Por qué el domingo y no el sábado? Porque desde el primer día se celebró la resurrección de Cristo.

«Esto fue así —explica el padre Busso— porque a la semana misma de la resurrección de Cristo, el domingo, los apóstoles se reunieron para celebrar el milagro. Pero por otro lado, qué importa el día. Uno llega a Jerusalén los viernes y están los musulmanes, el sábado los hebreos y el domingo los cristianos. Lo importante es que la religión tenga la unión concreta del hombre con Dios y se manifieste en un acto de culto, más allá del día elegido, aunque para los cristianos sigue siendo el domingo el día de santificación.»

Trabajar, pero no morir en el intento

Un amigo mío solía repetir que la prueba más contundente de que el trabajo no es bueno, sino todo lo contrario, es que te pagan por hacerlo. No hay que olvidar, especialmente cuando hablamos de vivir para trabajar, que lo importante es sólo trabajar para vivir, y no sacrificar la vida al trabajo. No es casual que la palabra «trabajo» venga de *tripalium*, que era un instrumento de tortura.

En realidad, la idea de dedicar un día a Dios fue una excusa magnífica, ya que no se podía cocinar, trabajar, ni encender fuego, etcétera. Lo único posible era permanecer en un estado de pasividad. Además, este mandamiento ponía paños fríos sobre la histórica maldición bíblica a Adán y Eva, cuando fueron expulsados del Paraíso, y que dejó a la humanidad sin más opción que trabajar y trabajar para ganar el pan con el sudor de su frente. La maldición fue terrible: «Por haber escuchado la voz de tu mujer y por haber comido del árbol del que se te dijo: "No comerás de él", ¡maldita es la tierra de tu causa! Con esfuerzo comerás de ella todos los días de tu vida, la cual producirá ortigas y cardos y tú comerás los frutos del campo. Con el sudor de tu frente comerás pan hasta que vuelvas a la tierra de donde fuiste sacado. Eres polvo y al polvo regresarás». El judaísmo asoció desde un principio la idea del descanso al Génesis, a la creación del mundo. «Dios creó el mundo durante seis días y el séptimo descansó.»

«El hombre no puede estar constantemente creando —dice en su contemporánea explicación el rabino Isaac Sacca— porque eso genera estrés. Tienen que existir momentos para el relax. Basta de crear. Hay que mirarse a sí mismo para reflexionar, analizar y descansar espiritualmente. Existen treinta y nueve trabajos básicos creativos y sus derivados que están prohibidos el séptimo día, que es un regalo de Dios al hombre para que éste lo disfrute.»

La esclavitud fue un avance

La esclavitud es uno de los males más terribles que ha padecido la humanidad durante siglos. Pero a riesgo de ser considerado un hombre de las cavernas, les aseguro que ser esclavo tenía su lado bueno, y con todo, fue uno de los grandes avances de la civilización.

En el fondo de los tiempos, los pueblos guerreaban entre sí y el destino de los adversarios derrotados no era otro que el de la muerte. No existía piedad para el vencido, ni para su familia. El triunfador masacraba a hombres, mujeres, niños y ancianos.

Cuando los pueblos comenzaron a necesitar mano de obra para cubrir sus requerimientos de agricultura, ganadería y construcciones, entendieron que era mucho más útil esclavizar a los sojuzgados que matarlos, con lo que además les daban una posibilidad de supervivencia.

Ese esclavo conquistado y sometido por la fuerza se convertía en parte de la sociedad a la que se integraba, aunque careciera de todos los derechos que poseían sus amos. Poco a poco, a lo largo de los siglos esos trabajadores fueron ganando reconocimiento y dignidad, de tal modo que el trabajo pasó de ser una obligación atroz a ser un derecho exigible y necesario, rodeado de garantías. Esta historia de la evolución de las fuerzas laborales está inmersa en el desarrollo de la civilización.

Pero el trabajo no siempre ha sido un valor tan bien visto. En el pasado era identificado con las clases bajas, una maldición a la que estaban obligados los pobres. Los valores imperantes eran los aristocráticos: la guerra, la caza, el baile, el mando. Las personas que vivían de forma deseable no trabajaban y se enorgullecían de no hacerlo. Las mujeres debían tener sus manos finas y tersas, no encallecidas por las tareas diarias. Sus rostros debían ser blancos, lo que las diferenciaba de las miserables campesinas que se exponían todos los días al sol.

A partir del siglo XIII las cosas empezaron a cambiar, con el ascenso de la burguesía, se comenzó a tener en cuenta la importancia de que una persona fuera trabajadora, responsable y que pudiera levantar una empresa con su esfuerzo.

Al llegar el siglo XIX estos conceptos se impusieron de forma definitiva. Como contraposición, a fines del siglo pasado hubo una nueva revaloración del ocio, del que todos intentamos aprovechar para volver a ser, por lo menos un poco, aquellos aristócratas que dejamos en el pasado.

El dinero, que a veces es producto del trabajo y otras no, creó nuevas jerarquías. Por lo tanto, lo que tengas en tu cuenta bancaria tiene más importancia que la herencia de sangre. La habilidad comercial reemplaza al conocimiento en el manejo de las armas, aunque éstas sean utilizadas muchas veces para defender los intereses económicos.

Van surgiendo nuevas servidumbres que Yahvé no tuvo en

cuenta como legislador. Siempre me hago la misma pregunta: ¿ha merecido la pena este proceso modernizador que nos llevó a ser propietarios? También respondo con otra pregunta: ¿tiene sentido ahora calificar ese proceso, que no veo cómo se podría cambiar?

Sin embargo, no toda la humanidad es igual. Los pueblos considerados incivilizados trabajan muy pocas horas al día y no necesitan de muchos objetos para vivir. Tampoco se preocupan por las posibles dificultades que pueda acarrear el futuro. Lo que sí tienen, y de sobra, es tiempo libre, que utilizan para divertirse o sencillamente para no hacer nada. Los especialistas en temas económicos insisten en que esta gente vive en la escasez. Lo que no entienden los economistas es que son millonarios en ocio, uno de los bienes más preciados en estos días. A propósito de los economistas, en el siglo XIX el escritor escocés Thomas Carlyle se refería a ellos como «respetables profesores de una ciencia lúgubre». Y no hay que pensar mucho para llegar a la conclusión de que en la médula misma de la economía está lo más lúgubre de la ciencia lúgubre: el trabajo.

> El problema más acuciante es el ocio, pues es muy dudoso que el hombre se aguante a sí mismo.
>
> NACHO DUATO

Vivimos en una época en la cual el ocio es más cansado que el trabajo. Por ejemplo, la gente siempre vuelve agotada de las vacaciones, y sería conveniente inventar una forma que permita descansar del descanso.

Nuestro tiempo es de la «Revolución del ocio», que se convierte en un ideal y en un destino para la mayoría de las personas. Aunque parezca un contrasentido, el ocio es hoy un tiempo ligado íntimamente a la producción. Es el momento del gasto. Se trabaja con intensidad para acumular dinero que luego será gastado durante las vacaciones, la segunda residencia de recreo, las diversiones, el entretenimiento, etcétera.

Pero de nada sirve el dinero que uno pueda acumular para utilizarlo en los momentos de ocio, si no está enmarcado en lo cultural. Porque es la cultura la que prepara al hombre para el ocio, no sólo para la productividad y la vida laboral, sino para poder crear y recrear cosas en los momentos en los que no trabaja para otros. La cultura le permite al individuo utilizar la totalidad de sus fuerzas para sus gustos, sin necesidad de comprarlos.

Una persona inculta se diferencia de una culta porque debe gastar más dinero en sus momentos de ocio, porque no puede generar nada por sí mismo y necesita comprar todo fuera. Pasa como con los países que no tienen producción propia, toda su riqueza se les escapa pagando lo que tienen que traer de fuera.

Una persona culta aprovecha los momentos de descanso para desarrollar lo que lleva dentro. Por supuesto que puede utilizar cosas externas, por ejemplo libros o discos, pero es él quien pone el valor agregado en el ocio. Utiliza sus conocimientos, memoria y sensibilidad para generar algo distinto al trabajo diario.

Por estas razones se debe tener en cuenta que no solamente hay que educar para desarrollar un oficio o una profesión. También hay que educar para el ocio, y conseguir una capacidad creativa, que nos evite vivir esos momentos sólo en el despilfarro y el consumo, como hacen los prisioneros de su propia incultura.

Luis de Sebastián explica que «el tercer mandamiento supone que se trabaja para vivir decentemente y sólo manda que no se viva para trabajar exclusivamente. Además, hay que vivir para causas nobles, para los demás y para uno mismo en cuanto persona lúdica, que necesita descanso y ocio para ser más humana y para aprovechar las capacidades de disfrute con que está dotada. En ese sentido, es éste el mandamiento del ocio y del juego, de la diversión, del cultivo del deporte, de las bellas artes y del disfrute de la vida. Y no solamente el mandamiento de ir a misa los domingos bajo la angustiosa amenaza del fuego eterno».

También hay que reflexionar acerca de para qué queremos todo lo que conseguimos con el trabajo. Estás trabajando seis días a la semana y de pronto hay un día en que paras, miras al cielo y al infierno, y te preguntas, como haría un andaluz: «¿Y to pa qué?». Y ese instante de reflexión es el descanso.

Modernidad, desempleo y desequilibrios sociales

A comienzos del siglo xx, escritores de ciencia ficción y utopistas imaginaron que íbamos hacia una civilización del ocio, en la que cada vez se trabajaría menos y habría más tiempo para el descanso, la creatividad y el juego.

Lo que ocurrió fue algo parecido, pero con un signo bastante más siniestro. En lugar de llegar a la civilización del ocio vivimos en la civilización del paro. Está compuesta por grupos de personas que trabajan mucho, horas y horas, pero sólo para defender sus puestos de trabajo, que no se los quiten. La gente renuncia, incluso, a descansos y se obligan a hacer horas extraordinarias.

Por otro lado, otros millones de personas no tienen acceso al trabajo, viven en el paro, de la asistencia pública en el mejor de los casos, porque en muchos países son sencillamente indigentes que no tienen cómo conseguir ningún tipo de ingreso.

Esta situación dispar hizo que se produjera una modificación en el significado del ocio. Hoy ha dejado de ser un tiempo de descanso. Como ya dije, es el momento del gasto, del consumo. Así, la gente se esfuerza y acumula más estrés en los momentos de ocio que en los de trabajo. Porque es en esos momentos cuando tiene que pensar en qué y cómo comprar todo aquello que le divierte o que le puede proporcionar la sensación de un estatus superior.

En esta desproporción del trabajo, unos mueren de infarto por exceso de ocupación, mientras que otros mueren de hambre o de abandono por haber perdido las posibilidades de integrarse laboralmente a la sociedad.

¿Por qué el trabajo está tan mal repartido y no se pueden equilibrar estas desproporciones? Lo que sucede es que hoy ya es un bien social, no sólo un camino de producción, sino un camino para incorporarse a la comunidad. La gente necesita trabajar no sólo para comer, sino para no sentirse excluida de la utilidad y el reconocimiento social.

Creo que uno de los grandes desafíos económicos, sociales y políticos del siglo XXI es alcanzar un justo reparto de la demanda laboral para evitar que se siga profundizando la enorme brecha que hay entre los países donde existe el trabajo y los otros, obligados al ocio forzoso.

> Acá hay tres clases de gente, la que se mata trabajando, la que debería trabajar y la que tendría que matarse.
>
> Mario Benedetti

El trabajo en la antigüedad podía ser extenuante pero, al menos, el individuo guardaba siempre la impresión de que era el dueño de aquello que estaba haciendo. Con su esfuerzo veía brotar un objeto, un producto. Algo completo y determinado que salía de sus manos.

El trabajo moderno es distinto. Tiene como característica que los trabajadores, además de fatigarse hasta la extenuación, nunca ven el producto de lo que están haciendo. El obrero sólo aporta una pequeña tuerca, una mínima modificación. Luego, mucho más tarde, aparece el producto, pero más allá de lo que puede ver el trabajador.

Existe entonces una sensación de automatismo en el vacío. De hacer un gesto final que el autor nunca puede ver y que tiene que componerse de otros cientos de gestos similares. Esto es lo que produce la especial angustia de la cadena de montaje y del trabajo de la modernidad, que ha sido tan bien representado por el cine.

Por supuesto que las imágenes de *Tiempos modernos*, de Charles Chaplin, son de gran impacto. Las filas de esclavos de *Metrópolis*, de Fritz Lang, también están en la memoria colectiva, y cada vez que se vuelven a ver tienen la contundencia del primer día. Allí se muestra lo que explicaba: la idea del trabajo desligado de la obra, que era lo que compensaba el esfuerzo; la robotización de las tareas. No es casual que la palabra «robot», que inventó Karel Capek, signifique «trabajador forzado», un símbolo del tipo de conducta que el cine muchas veces ha denunciado.

La máquina, un sueño frustrado

Uno de los sueños más antiguos de la humanidad ha sido que las máquinas libraran a los hombres del trabajo, que fueran una especie de esclavos mecánicos que les permitieran vivir en un ocio creativo mientras ellas se encargaban de todas las labores. Existen obras de ciencia ficción, e incluso textos sociológicos, que en su día planteaban cómo las máquinas podían terminar con esa condena humana que es el trabajo.

La realidad ha sido bien distinta. Si bien es cierto que, en algunas regiones privilegiadas del planeta, el hombre se ha librado de una serie de tareas, sin embargo, ha quedado ligado a otras. La máquina aumenta nuestras posibilidades de hacer cosas. Multiplica nuestras obligaciones y nuestro tiempo de trabajo. Además incrementa los problemas sociales, porque, al suprimir horas de tarea, deja a muchos en el paro, sin que se encuentre una solución.

La máquina no ha servido para hacer un reparto racional del trabajo, sino que ha dado más obligaciones a un grupo y condenó a otros a la inactividad.

Pero las máquinas en sí mismas no pueden resolver los problemas sociales, somos los hombres quienes debemos asumir el tema utilizándolas en forma racional. Tal vez una solución fuera disminuir el horario laboral sin reducir los salarios para que pudiese trabajar más gente. O tal vez se podría instituir un modo de tener actividad por períodos, alternándola con años de descanso, relevándonos unos a otros en los empleos. Y me pregunto si no ha llegado la hora de comenzar a pensar en una forma de ganarse la vida que no sea sólo mediante el trabajo. Quizá fuera necesario imponer un salario mínimo y fijo que se cobrase por la simple razón de pertenecer a un grupo social. Es la llamada «renta básica», conocida como «ingreso mínimo universal de ciudadanía». No sería un subsidio de desempleo ni un remedio a la menesterosidad, sino una base económica previa a las tareas laborales e independiente de la situación financiera de cada cual. A partir de este ingreso de subsistencia, cada persona podría organizar sus proyectos de trabajo, sus períodos de ocio o de empleo y las actividades no remuneradas que quisiera desempeñar.

Esta renta básica se puede imaginar de distintas maneras, moderadas o extremas. Por otra parte, no puede negarse que plantea desafíos complejos, porque sería imprescindible transformar el esquema de asistencia social que rige en la actualidad y la forma en que los Estados deberían financiar su instrumentación. El resultado más inmediato sería distribuir el trabajo de forma más equitativa, y aliviar los problemas de la desocupación, así como dignificar tareas como las de las amas de casa, imprescindibles, pero que hoy carecen de salario. Pero lo más novedoso sería convertir la actividad remunerada en una opción graduable de acuerdo con las ambiciones de cada persona, y dejar de ser, de ese modo, la tradicional maldición que impuso Yahvé a los hombres que no supieron obedecerle.

Es muy posible que esto no suene bien a los oídos de los expertos, pero yo no soy un especialista en economía. Alguien que sí lo es —el economista neoliberal Milton Friedman— fue quien ideó el proyecto de instaurar un impuesto negativo sobre la renta. Es decir, que todos paguen impuestos de acuerdo a lo que perciban, pero cuando los ingresos de la persona sean mínimos que ésta cobre en lugar de pagar.

Marcos Aguinis explica que «el trabajo es una bendición, nos ordena, nos recrea y nos inspira. Hay trabajos que gustan y trabajos que disgustan, pero la falta total de trabajo es muy negativa. En los países cuyo ordenamiento social y opulencia les permite que los subsidios por desempleo se extiendan en el tiempo, ya hay generaciones de desempleados, es decir padres, hijos, y en esos casos supongo que debe existir una atmósfera que humanamente me resulta difícil de comprender. De cualquier manera prefiero decir que la humanidad necesita trabajar».

Un mandamiento amable

La sociedad Yahvé-Moisés no pensó ningún mandamiento que obligase a trabajar. La necesidad de trabajar era tan elemental que no se consideró necesario incluirla entre las obligaciones de los hombres.

Este tercer mandamiento es el único que nos veda algo que no nos apetece. Se dice: no trabajéis. Algo que a nadie le amarga. Es el mandamiento más jubiloso y más fácil de seguir. Yo supongo que nadie presenta objeciones a pasar un día de descanso. La expresión es santificar las fiestas, pero quiere decir que se debe dedicar la jornada al propio yo, al propio gusto, al desarrollo de la propia personalidad y no simplemente a la productividad. De modo que estamos ante el más hedonista de los mandamientos.

Se trata de una ley que cubre una serie de aspectos que en primera instancia no se nos hubiesen ocurrido: las relaciones con el trabajo, con el ocio, con el sentido mismo de la vida. En definitiva, mucho más rico y profundo que simplemente pensar en obligarnos a dejar de hacer nuestra rutina una vez por semana.

IV

Honrarás a tu padre y a tu madre

El Señor, que se considera padre de todo y todos, escucha algunas reflexiones del autor

Ordenaste «honrar a padre y madre». Creo que toda persona bien nacida tiende a amar a sus padres de forma casi espontánea. De la misma manera que los padres aman a sus hijos.

Los padres son vistos por sus hijos como la puerta de entrada al mundo. Honrar a los padres es una buena idea, pero puede dar lugar a malos entendidos. Muchas veces, esos padres creen que honrarlos significa que su autoridad debe ser indiscutible; que hay que obedecerlos de forma ciega y cumplir con todos sus caprichos. A veces llegan a exigir a sus hijos que lleven la vida que ellos hubieran querido tener y no pudieron. Así los transforman en una especie de prolongación de sus deseos y de sus sueños.

Pese a tus exigencias, esta justa idea de honrar a los padres ha tenido, en ocasiones, consecuencias muy negativas. Yo no sé si tú habrás ido mucho al cine, pero, si eres aficionado al séptimo arte, recordarás una película excelente de Alfred Hitchcock que se llama Psicosis. Allí se muestran con toda contundencia los problemas que le pueden generar a un pobre chico el excesivo amor por su madre. De modo que, aunque no voy a negarte que la idea es buena, creo que, como todas, hay que matizarla.

Ten en cuenta que hoy la situación en el mundo es muy distinta de la que existía cuando tú estableciste este mandamiento. Pareciera que esto de honrar a los mayores está en desuso. Por si no lo sabes, en la actuali-

dad el mundo de la compraventa se basa precisamente en los deseos juveniles. Ahora lo importante son los jóvenes porque son los que consumen. Mira... tiene tanta entidad ser joven, que es casi una obligación. Incluso, muchos padres y madres prefieren que los confundan con sus hijos, que los tomen por sus hermanos mayores. No me mires tan sorprendido... ya sé que en los tiempos en que entregabas leyes en el monte Sinaí los ancianos eran los más venerados, pero ahora todo ha cambiado. Nadie quiere ser padre, porque es algo que envejece en exceso. Todos quieren mantenerse jóvenes eternamente. Hoy se considera que perder la juventud es una enfermedad atroz. Así, nos encontramos en presencia de otro mandamiento que los hechos y costumbres de la gente cuestionan todos los días.

La protección paterna

Luis de Sebastián explica las razones de los hebreos cuando dispusieron el cuarto mandamiento: «Moisés estaba tratando de formar un pueblo homogéneo y unido, y vio claramente que la familia era un elemento básico del orden social. La autoridad paterna era el vínculo que ligaba a los individuos a la autoridad política y religiosa que daba unidad a la masa de individuos. Honrar a los padres es básicamente reconocer su autoridad sobre los hijos, reconocer que nuestros padres pueden mandarnos y aceptar nuestra obligación de obedecerlos».

Sin embargo, para el escritor Martín Caparrós[11] hay algunas cuestiones de este cuarto mandamiento que le llaman la atención: «Es un poco extraño, porque honrar a tu padre y a tu madre es algo que te ocurre naturalmente. El hecho de que exista un mandamiento que te ordene hacerlo da, de alguna manera, la pauta de que no se les ocurría, y que no serían muy amables con el papá y la mamá. Creo que se trataba de gente un poco rara. Lo que está claro es que el establecimiento del linaje y la transmisión de la propiedad necesitaban de una familia bien constituida, algo que posiblemente no estaba muy sólido cuando este muchacho, Moisés, bajó de la montaña con un par de piedras mal talladas. Supongo que los mandamientos hablan de las carencias, de aquello que mucha gente no quiere hacer por sí misma, y el hecho de que estos ancestros no estuvieran dispuestos a honrar a su padre y a su madre me da la sensación de que no hay nada nuevo bajo el sol. Es bastante habitual escuchar: "Ustedes no respetan a los mayores". Me lo decían a mí mis padres y ahora se lo siguen diciendo a los hijos».

A lo largo de nuestra infancia estamos protegidos por la figura de nuestros padres. Ellos se interponen entre nosotros y las responsabilidades; entre nosotros y los problemas, entre nosotros y las necesidades de la vida y la propia muerte. Los padres nos sirven como muralla a cuyo abrigo vamos creciendo.

Pero llega un momento en el que los padres comienzan a disminuir en su tamaño protector, hasta que desaparecen.

Entonces nos damos cuenta de que nosotros estamos en esa primera fila y nuestros hijos comienzan a guarecerse detrás. Esto va acompañado de la pérdida de la muralla que estaba entre nosotros y la necesidad, el dolor, las exigencias de la vida y la propia muerte. Es un momento dramático. Ya nos hemos convertido en maduros, somos padres y vamos camino a cumplir nuestro ciclo vital de la mejor o peor manera.

Autoridad y libertad

Una de las características de la paternidad es la subordinación de los hijos, que es la contrapartida de la responsabilidad que tiene el padre, el representar de alguna forma la autoridad.

Esta palabra no debe confundirse con autoritarismo ni con tiranía. «Autoridad» viene del término latino *auctor*, que significa «lo que hace crecer, lo que ayuda a crecer». Por lo tanto, se define como aquello que ayuda a crecer bien. Es precisamente lo contrario a la tiranía, porque el interés del tirano es mantener en una infancia perpetua a aquellos a los que quiere someter. La verdadera libertad es la que proporciona al hijo los elementos para alcanzarla.

La educación es básica en el desarrollo de la libertad. Pero éste es un tema que encierra un drama. Quien educa, padre o maestro, lo hace para que el educado se vaya, se autonomice. Pero hay una lucha interna, porque uno quisiera retener al educado, ser imprescindible. Entonces tal vez diga: «Bueno... voy a educarle un poco peor para que sea dependiente y no pueda irse de mi lado». Por lo tanto, el éxito de educar bien significa quedarse solo.

Otra particularidad es la relación con los padres ficticios, espirituales o artísticos. Muchas veces uno dice: «Has sido como un padre para mí». Esto tiene algunas ventajas, se trata de padres a los que uno puede descartar sin gran culpa. «Hasta aquí me serviste, no eres más mi padre, me busco uno nuevo.» Lo tratamos como si fuera un automóvil. Por ejemplo, en el terreno artístico, cuando uno se siente influido por alguien y lo considera un padre, no tiene claro si honrarlo es algo beneficioso. Tal vez lo que haya que hacer sea traicionarlo, porque muchas veces de las traiciones en el arte han surgido los grandes cambios y evoluciones, a partir de la energía que provoca intentar superar al maestro.

De todas formas se trata de una tarea difícil, porque en el empleo de la autoridad se pueden producir excesos y carencias que pueden bloquear el crecimiento hacia la libertad que se busca.

El honrar según las épocas

Honrarás a padre y madre, pero ¿honrarás igual al padre que a la madre? Esto se vio condicionado por las distintas épocas. A lo largo de los siglos ha habido períodos patriarcales, en los que se honraba al padre por encima de todas las cosas y la madre ocupaba un lugar marginal. Pero también existieron momentos y grupos humanos que funcionaban alrededor del matriarcado, donde la madre era la figura fundamental y el padre un personaje secundario.

Sobre este particular Emilio Corbière tiene su visión: «El mundo ha vivido el matriarcado y el patriarcado como formas de dominación. Hay también una cuestión jerárquica. Yo creo que los hijos deben sublevarse contra los padres en algún momento en tanto en cuanto sean solidarios unos con otros. Eso lo explica la moderna pedagogía y el psicoanálisis. Un cambio generacional es como una carrera donde la generación más vieja le entrega la llama deportiva a la nueva. Pero debe haber una actitud solidaria en el concepto de este mandamiento, y no creo que haya sido así, por lo menos en el cuadro de época en la que se escribió, sino que se basa en una cuestión de autoridad, porque la ley mosaica es fundamentalmente autoritaria».

El mundo de los huérfanos

Es imposible pensar en la obligación de honrar padre y madre, si tal obligación no está acompañada del derecho a tenerlos, a saber quiénes son, a identificarlos como tales.

En la actualidad, la ciencia, a través de la inseminación artificial, le permite tener hijos a aquellas parejas que por algún impedimento natural no los pueden concebir. Pero esta herramienta se está desvirtuando. Personas sin pareja, una mujer sola, dos mujeres o dos hombres pueden decidir programar un hijo, al que ya lo dejan de antemano sin padre o sin madre. Estamos frente a una idea que considera que los padres son fenómenos culturales de los cuales se puede prescindir. Frente a estas situaciones, tengo otra lectura de este mandamiento: existe el derecho a tener padre y madre, el derecho a contar con una filiación.

Los avatares históricos pueden privarlo a uno del padre o de la madre, pueden hacer que uno tenga padres adoptivos. Lo que no hay que hacer es programar huérfanos. No hay derecho a que se prepare el nacimiento de un ser que va a carecer de padre o de madre, como si éstos fueran simples aditamentos superfluos.

Yo creo que nuestro origen simbólico de una doble filiación masculina y femenina, y del apasionamiento de esa doble filiación, nos crea un imaginario, que nadie tiene derecho a pasar por alto. Por lo tanto insisto: estamos frente a un mandamiento que requiere de un complemento imprescindible: la obligación de honrar a padre y madre trae aparejado el derecho de tener un padre y una madre a quienes honrar.

La juventud, un valor en sí mismo

Durante siglos, los ancianos han sido portadores de uno de los grandes beneficios sociales: la experiencia. Eran el registro viviente de aquello que se podía y debía hacer en cada una de las circunstancias. En tribus que no tenían escritura, las personas con experiencia eran las del buen consejo, las que habían pasado por distintas circunstancias y por lo tanto se consideraba que ellas sabían qué se debía hacer y qué se debía evitar.

La creación de la escritura dio a los conocimientos, recuerdos y leyendas un sustento más sólido que el de la memoria individual. Pero la experiencia de vida de los mayores, su madurez y su sosiego ante los apresuramientos y las pasiones determinó que las comunidades siguieran confiando en sus consejos, lo que los convertía en líderes.

En la antigüedad éste era el gran tema, relacionado a su vez directamente con el concepto del mando. La lógica primitiva consideraba que los padres de los padres de los padres debieron de ser aún más fuertes y sabios que los padres actuales; casi parientes y colegas de los dioses. Lo que aquéllos habían considerado bueno, porque se lo había revelado alguna divinidad, no podían discutirlo los individuos del presente, mucho más frágiles y simples humanos.

En este sentido, José María Blázquez explica que «en todas las culturas del mundo antiguo, era obligación respetar al padre y a la madre. Lo que hizo en este caso el legislador hebreo fue darle un carácter religioso a la norma. A partir de ese momento era el propio Yahvé el que ordenaba respetar a los padres. Pero el mandamiento abarcaba también a los abuelos, los tíos carnales, los tíos lejanos, etcétera. Honrar significaba socorrerlos en caso de necesidad, enfermedad, vivir con ellos si no podían hacerlo solos. El cuarto mandamiento siempre tuvo un carácter social y económico».

Sin embargo, en nuestra época, cada vez se da menos importancia a la experiencia, que hasta incluso se convierte en un obstáculo. En el mundo laboral, alguien que nunca haya manejado una máquina de nueva generación aprende a dominar mejor un aparato recién inventado que aquel que conoce modelos anteriores y que tarda más en acostumbrarse a su uso. Además, la persona sin experiencia alguna en el trabajo es más fácil de manejar, ya que es menos consciente de sus derechos. En cambio, quien tiene cierta edad sabe lo que le corresponde y crea conflictos a sus patrones ya que no se deja manipular con tanta facilidad. Por lo tanto, la gente con más trayectoria no es la más buscada ni la más aceptada.

Para el poeta y sacerdote Hugo Mujica,[12] «nuestra cultura desprecia al anciano porque además desprecia la sabiduría; no es una cultura de vida, sino de funcionamiento. La sabiduría es el saber vivir, y el funcionar es técnico, y lo que se respetaba del anciano en la antigüedad era su memoria de sabiduría».

Ser joven se ha convertido en un valor en sí mismo. Hay una tendencia a considerar enfermo todo lo que tiene algunos años de más. Conocemos los valores de la juventud: fuerza, belleza, agilidad, espontaneidad. No se consideran atributos la madurez ni la ancianidad, ni se tiene una valoración positiva de esta etapa de la vida.

Es así como las personas mayores van perdiendo importancia, como cuenta la célebre novela de Adolfo Bioy Casares, *El diario de la guerra del cerdo*, y poco a poco se las va arrinconando y destruyendo. Estamos ante el riesgo de ir hacia una juvenilización permanente de la sociedad.

De cualquier manera, este cuarto mandamiento tiene sus propios límites. El rabino Isaac Sacca explica que «si la obediencia y el respeto a los padres implica un perjuicio para mí como ente físico o espiritual, yo no tengo la obligación de respetar a mis padres. Uno debe honrar, pero no debe vivir en función de sus padres, no debe ser esclavo de ellos. Honrar, como explica el Talmud, significa alimentarlos en su ancianidad, no ocupar el lugar de ellos en la vida, hablarles de una forma respetuosa, pero no quiere decir que uno debe aceptar la carrera que el padre elija o la esposa que ellos prefieran».

En este aspecto, Luis de Sebastián agrega que padres e hijos tienen la obligación compartida de mantener la familia. «Muchos padres están dispuestos a aceptar estas responsabilidades, pero exigen a cambio un fuerte tributo. Exigen a sus hijos una sumisión total y una obediencia ciega. Los padres no son propietarios de los hijos, ni los hijos son sus súbditos o siervos. La base de la relación, parece necesario recordarlo, es el amor que genera mutua comprensión, mutuo respeto, tolerancia y adaptación.»

Como contrapartida De Sebastián indica que «después de la hora de la convivencia llega la hora del agradecimiento y de la retribución. Las determinaciones biológicas se invierten. Los hijos son más fuertes y los padres los débiles...».

Marcos Aguinis tiene una posición similar a la de De Sebastián: «Antiguamente los padres tenían una actitud muy autoritaria y se consideraba que el hijo debía acatar de una manera casi irracional su mandato. La voluntad de los mayores era sagrada, decidían los matrimonios, existía la ley de mayorazgo y una serie de iniquidades que se fueron corrigiendo con el progreso de la humanidad. Pero, en la actualidad, lo que estructura la familia y da mayor seguridad y riqueza es el respeto que se deben unos a otros y lograr que haya un permanente flujo de afectos entre padres e hijos».

Publicidad: la forma de seducir a los jóvenes

Si comparamos la publicidad de hace cincuenta años con la actual, una de las primeras cosas que salta a la vista es que antes los anuncios estaban dirigidos a personas de edad mediana o entradas en años.

Poco a poco la publicidad se vio invadida por la presencia de los jóvenes y la venta de cosas que refuerzan aún más esta etapa de la vida: productos de belleza, ropa, bebidas, automóviles, etcétera. ¿Por qué este cambio? Porque cada vez con menos edad las personas tienen capacidad de gastar mucho, antes que otras generaciones. Hoy poseen tal posibilidad de consumo que hace que los publicistas se dirijan a ellos casi en forma exclusiva.

Los jóvenes conforman un mercado más abierto, prometedor

y duradero, un mercado con más futuro y también más ingenuo. Hay pocos anuncios en los que aparezca gente mayor. Incluso cuando se ven, están maquillados y transformados en jóvenes postizos. Esto quiere decir que lo que debe hacer un viejo es vivir disfrazado comportándose como un joven el mayor tiempo. La regla que se impone es que la gente mayor no debe vivir de acuerdo a la edad que tiene y están excluidas del ideario publicitario. Voltaire daba el consejo contrario. Decía que, si uno no tiene las virtudes de su edad, seguro que tendrá siempre todos los vicios. Así pues, uno debería tener, o al menos intentarlo, las virtudes y capacidades de su edad. Voltaire no estaría muy contento hoy en día cuando lo que se potencia es que seamos verdaderos y falsos jóvenes, sin salir nunca de esa órbita consumista y hedonista.

Según el publicitario Marcelo Capurro, «pareciera ser que la publicidad deja de lado a los viejos, salvo cuando tienen que vender lentes de contacto o algo por el estilo. De cualquier manera, no considero que tenga tanta responsabilidad en esta concepción juvenil del mundo que vivimos. En realidad, las responsables son las grandes corporaciones que contratan a las agencias. Además lo que nosotros vivimos son reflejos de la publicidad norteamericana, donde los viejos son dejados de lado. En definitiva, los publicistas proyectan lo que la sociedad siente sobre la vigencia o no del cuarto mandamiento».

La violencia deshonra a padre y madre por igual

Uno de los aspectos más terribles de la historia contemporánea es la inmensa cantidad de familias destrozadas y separadas por guerras, dictaduras y persecuciones de todo tipo. Hablamos de honrar a padre y madre, pero a veces hay que encontrarlos, ya que han sido arrebatados por la crueldad de personas que se comportan como fieras hacia otros seres humanos.

Tal vez uno de los ejemplos más claros en este sentido fue la dictadura militar que gobernó la Argentina entre 1976 y 1983. El resultado de esa barbarie, entre otros, es la gran cantidad de personas que luchan por reconstruir el vínculo familiar. Uno de los grupos es el de las Abuelas de Plaza de Mayo, que buscan encontrar a sus nietos para, a través de ellos, recuperar de algún modo a sus hijos perdidos. La entidad está presidida por Estela de Carlotto, quien sufrió la desaparición de su hija embarazada. Aunque no ha podido dar con su nieto, su lucha le permitió reintegrar a más de sesenta hijos de desaparecidos. Así pudieron recrear un nuevo vínculo afectivo familiar, aquella memoria común que la dictadura deshizo.

Según la presidenta de Abuelas de Plaza de Mayo, el sentido de la familia se basa «en el ejemplo que recibí de mis padres, lo que me permitió después devolverlo a ellos. Honrarás a padre y madre fue para mí la repetición de los ejemplos que me dieron. Aprendí que hay que hacer el bien, criar a los hijos en libertad, ser solidario, perdonar, convivir, que hay que entender y sobre todo que hay que amar».

Una de las experiencias más atroces es la de los nietos que vivían con padres falsos, que se habían apropiado de ellos. «Yo quizá puse el foco en estos nietos que estamos encontrando —dice Carlotto— que tenían una familia falsa, una mamá y un papá que no era el propio. Esos chicos, con su sinceridad e inocencia, los honraban. Los querían, creyendo que eran sus padres. Muchos años después, descubren que les han mentido, engañado, que los han robado y a pesar de eso no odian, no tienen rencores, pero empiezan a entender la historia de sus verdaderos padres, que dieron la vida por un país mejor. Entonces comienzan a honrarlos buscándolos, sabiendo que no van a venir, que como los mataron ya no están. Pero tratan de saber cómo eran, qué hacían, qué les gustaba, con quiénes vivían. Intentan, de alguna manera, encontrar su historia.»

El contrasentido a esta adoración de la juventud, es que nuestras sociedades desarrolladas, plutocráticas, cada vez tienen menos hijos. Estamos ante un fenómeno de envejecimiento de la población. Nacen pocos niños y eso crea una serie de descompensaciones sociales.

Los fondos para pensiones y seguridad social se mantienen con la aportación de los trabajadores en activo. Es por ello por lo que resulta necesario que se incorporen permanentemente jóvenes al mundo laboral. Por otra parte, muchas tareas tienen que ser cubiertas por gente que viene de fuera. La inmigración sustituye a esos hijos que no queremos tener. En el fondo, los hijos no queridos se presentan con otro color de piel, con otras ideas. Llegan a nosotros para cubrir esos huecos de la población que hemos dejado libres.

Uno de los temas importantes de la relación social es el del trato con los ancianos en las instituciones geriátricas. No todos llegan a ese momento de la vida en el mismo estado, capacidad, lucidez y autonomía de movimientos. Por lo tanto, hay ocasiones en las que se vuelve imprescindible que estén atendidos en una institución donde reciban determinados tipos de cuidados.

Sobre este tema el padre Busso discrepa y dice que «el anciano ya no tiene lugar en la vida familiar. Hemos creado un sistema perverso que son los geriátricos de pago. El anciano forma parte de la familia. El abuelo no es un agregado, y por lo tanto tiene mucho que hacer y mucho que decir. Creo que, si se tiene que pagar para que otro cuide a su padre pudiéndolo hacer el mismo hijo, es realmente una perversión de los fines. Es cierto que la vida contemporánea es muy compleja, que todo el mundo trabaja fuera de casa. Pero si hay dinero para pagar un geriátrico, también lo hay para contratar a una persona para que atienda al anciano en la propia casa. En el hogar de los pobres los ancianos siempre tienen su lugar».

Éste es un tema polémico, porque en algunos casos hay quienes piensan de forma parecida a Busso: que dejar a los parientes en los geriátricos es una forma de egoísmo de los más jóvenes y que se debe plantear la posibilidad de que la familia se ocupe de cuidar al anciano. Pero la unidad familiar ha variado mucho. Antes se contaba con la mujer sacrificada y esclavizada dentro de la casa, dedicada a hacer de enfermera, cuidar niños y abuelos. Carecía de una vida autónoma, y no tenía gran incidencia en el mundo del trabajo. Hoy todas estas circunstancias han cambiado. Trabajan, tienen autonomía y no están en el hogar para poder cumplir como antaño las funciones asistenciales, que antes eran tan necesarias. Como consecuencia de ello, se produjo un vacío en lo referente al trato de los mayores en el marco de la familia.

Honrar a padre y madre implica el análisis de la relación entre los padres y los hijos. Pero va mucho más allá, porque involucra la educación, la preparación del hombre para la libertad. Es un mandamiento que contempla las formas de respeto hacia los mayores, pero también la ruptura de estereotipos y rutinas. Esta cuarta ley de Yahvé nos hace interrogarnos acerca de cómo aprovechar la experiencia de la ancianidad, que en nuestro tiempo está siendo desplazada por una adoración comercial de la juventud. Se centra en el tratamiento de nuestros mayores desde el punto de vista social y también, en ocasiones, en cómo buscar la reconstrucción de esas familias deshechas por la violencia, la guerra y las dictaduras. Se trata de una cuestión que plantea más preguntas que respuestas y dogmas, siempre abierta al debate.

Los padres son dos elementos básicos de la biografía individual. Pero además de preguntarnos por esta relación entre hijos y padres en cada uno de los núcleos familiares, hay una consideración más amplia, más abierta y más social que hay que tener en cuenta: ¿cuál es la relación en nuestras sociedades entre los jóvenes, las personas maduras y los ancianos? ¿Cuál es el trato que damos a quienes forman parte del eufemismo llamado «tercera edad»? ¿Qué hacemos con las personas que ya no se encuentran en el orden productivo, con quienes representan la memoria, la tradición y que a veces constituyen un obstáculo para ciertas renovaciones? ¿Cuál es el papel de la gente venerable en la sociedad actual? Éstas son las grandes preguntas sobre las que debemos debatir, y que nacen del análisis actualizado del cuarto mandamiento.

V
No matarás

Yahvé escucha en silencio las acusaciones del señor Savater

Éste es el mandamiento que menos vamos a discutir. Nadie, ni los más escépticos y menos entusiasmados por las prohibiciones, rechaza este impedimento: no matarás. Es imprescindible y necesario, pero reconoce que estamos frente a una gran contradicción. En la historia se ha matado más en tu nombre que en el de los demás dioses...

Perdón... perdón... no te enfades, ya sabemos que no hay más dioses que tú, y que los demás son falsos. Lo que sí debes reconocer es que utilizándote como excusa se han declarado terribles guerras, cometido saqueos, se ha asesinado a millones de hombres, mujeres y niños.

¿Recuerdas la guerra de los albigenses? Seguro que sí. En una ciudad habían decidido pasar a cuchillo a los pobres albigenses. Le preguntaron al obispo cómo había que hacer para reconocer quiénes eran herejes y quiénes no antes de ejecutarlos, entonces tu representante en la tierra recomendó matarlos a todos, ya que Dios reconocería a los suyos.

Debes aceptar que no te honran este tipo de planteamientos que se han repetido a lo largo de la historia.

Pero además hay otros problemas. Tú dices: «No matarás», pero tú nos matas a todos. No cabe duda de que eres el gran asesino universal. Claro, dirás que el quinto mandamiento sólo cabe para los humanos y no para ti, que estás por encima de ellos. Bueno... aceptémoslo así, pero de todas formas quedan una serie de dudas y temores, porque ya ves cómo está el mundo. No es un lugar donde reine el «no matarás» que tú nos ordenaste, sino todo lo contrario.

No matarás, pero sin exagerar

El precepto sólo dice «no matarás», y a simple vista es una norma más que razonable. Sin embargo, dentro de la propia Biblia existen numerosos reos que merecen la muerte. Hay castigo mortal para los sodomitas, los adúlteros o los enemigos del pueblo elegido. Hay otros ejemplos que añaden confusión. Todos los ejércitos llevan su capellán castrense que bendice sus tropas, los condenados a muerte tienen a su lado a un sacerdote que los acompaña hasta el patíbulo.

En su libro *¿Qué sabemos de la Biblia?*, el padre Ariel Álvarez Valdez enumera los pecados mortales que se definen en el Deuteronomio:

—«Si aparece alguien entre ustedes diciendo vamos a servir a otros dioses, distintos de Yahvé, ese hombre debe morir».

—«Si un hombre o una mujer va a servir a otros dioses y se postra ante ellos o ante el sol, la luna o las estrellas, los apedrearás hasta que mueran.»

—«Si alguno no obedece lo que se le mandó en un juicio en el que se comprometió jurando por el nombre de Yahvé en vano, ese hombre debe morir.»

—«Si un hombre tiene un hijo rebelde que no obedece a sus padres lo apedrearás hasta que muera.»

—«Si un hombre mata a otro, el homicida debe morir.»

—«Si una joven se casa con un hombre y resulta que no es virgen, la apedrearás hasta que muera.»

—«Si un hombre rapta a otro, el ladrón debe morir.»

—«Si un testigo injusto se presenta ante otro y da testimonio falso, lo harás morir.»

—«Si se sorprende a un hombre acostado con una mujer casada, morirán los dos.»

En la Inglaterra del siglo XIX se intentó suprimir la condena a la horca para el robo, que incluía delitos por quince o veinte libras. Entre las fuerzas que se opusieron estaban los tres arzobispos que tenían representación en el Parlamento inglés.

Con estos ejemplos quiero mostrar cómo este «no matarás» que nos parece tan sublime ha sido desmentido no sólo por los laicos, sino también por los propios eclesiásticos.

Pero la lista es innumerable; por ejemplo, los conductores irresponsables que cogen un coche habiendo bebido unas copas y causan un accidente, también matan; matan las personas que consienten políticas que llevan al hambre o al abandono de millones de personas.

Luis de Sebastián habla de muerte directa e indirecta: «Todos los días más de diez mil niños mueren en el mundo de causas relacionadas con la desnutrición. A esos niños los mata el hambre, dirán algunos. Pero ¿quién es el responsable de esas muertes? Miles de personas cada año quedan mutiladas a causa de las minas antipersonas que se sembraron en distintos escenarios de guerras. ¿Quién es el responsable de esas muertes? También deberíamos fijarnos en los millones de muertes que se producen anualmente por la mala organización de la economía, por la discriminación en el reparto de los bienes materiales contra los que no tienen dinero y por falta de solidaridad». Hay una serie de conductas insensatas que tienen que ver con este mandamiento, como por ejemplo las de los médicos y científicos que durante el nazismo hicieron terribles experimentos utilizando a seres humanos como cobayas con la excusa del progreso de la ciencia.

Este precepto no se puede entender simplemente como «tú no emplearás la violencia de muerte contra otro», ya que habría que tomarlo de una manera más amplia como «no causarás por acción u omisión la muerte de otros».

La verdad es que el precepto «no matarás» se aplica a los de la propia tribu. Nadie admite el asesinato entre congéneres. Ni siquiera ocurre esto entre una banda de gángsters. La cuestión es si se puede asesinar a los otros. El precepto se vuelve sublime cuando se aplica a toda la humanidad y no solamente a los de la propia facción.

Ningún grupo humano podría sustentarse ante el peligro de ser asesinado por los más próximos. El enemigo es exterior, ajeno, el que es distinto, el que no es como yo. Ésos no están protegidos por el «no matarás».

El rabino Sacca amplía el tema: «La traducción exacta del mandamiento es "no asesinarás". Obviamente el matar no está prohibido en la Biblia de una forma total. Uno puede defenderse cuando lo atacan, reaccionar y matar a su opositor antes que éste lo mate a uno. La Biblia también contempla la pena de muerte en algunos casos, por ejemplo al que asesina. Cuando se cumplen los requisitos se enjuicia al culpable y puede ser ejecutado, debe ser ejecutado.

»Lo que está prohibido es el asesinato, y cualquier forma de quitarle la vida a otro individuo, cuando la propia Torá no lo contempla. Aquí también entra en juego la honorabilidad de los seres humanos. ¿En qué medida considero que una persona me viene a matar?, ¿cómo sé que el que pasa por mi vereda es una amenaza para mí y para mi familia? Aquí debo dar muestras de sentido común y raciocinio para evaluar qué grado de peligro tiene mi supuesto enemigo».

Los que matan y sus cómplices

Los grandes asesinatos masivos no habrían podido llevarse a cabo si los inspiradores no hubiesen tenido cómplices y voluntarios emprendedores que los ayudaran a cometer sus delitos. En muchas ocasiones dichas personas no se sienten culpables y dicen que cumplían órdenes. La famosa y siniestra obediencia debida que tantas veces hemos escuchado mencionar.

Ellos son el final de una escala, el responsable es la cabeza, el que organiza y decide. Los cómplices creen que no hacen nada. En un libro espléndido de Hannah Arendt, *Eichmann en Jerusalén*, se comenta el proceso a Adolf Eichmann. Arendt explica que se trataba de un burócrata que se consideraba a sí mismo totalmente inocente, que todo lo que hizo fue poner la firma en un papel y que no cometió ningún delito. Sin embargo, ya no queda ninguna duda de que él fue parte imprescindible para cometer esos terribles crímenes y asesinatos.

La verdad es que nunca le faltan razones a quien desea matar; desde las justificaciones que busca Raskolnikov para asesinar a la vieja usurera en la novela *Crimen y castigo* de Dostoievski, que se elimina a un ser superfluo y dañino, hasta las grandes justificaciones heroicas, la salvación de la patria, la revolución, el triunfo del proletariado.

En cualquier caso, nunca han faltado argumentos para justificar muertes y crímenes. Frente a estas circunstancias se alza esta súplica, esta exigencia de «nunca más». Quizá sea mucho pedir que «nunca más» se cometan crímenes y violaciones. Pero no que «nunca más» se intente justificar, legitimar, convertir en decentes asesinatos y abusos. «Nunca más» se incurrirá en la legitimación de la muerte.

¿Cuándo comienza la muerte?

¿Qué es la muerte? ¿Cuándo se está muerto? El límite que distingue entre la vida y la muerte se desplazó poco a poco a lo largo de los siglos. Hoy se recuperan personas que hace cien o doscientos años estaban clínicamente desahuciados. Los avances tecnológicos nos permiten sorprendentes posibilidades de reactivación del corazón, del cerebro y, en definitiva, de la vida.

El punto donde se establece la muerte irreversible es cada vez más tenue. Se trata no sólo de la prolongación de la vida vegetativa, sino de la posibilidad de la existencia personal y consciente. Con toda seguridad, los años que están por venir nos permitirán tener más posibilidades de recuperar personas del seno de las tinieblas irreversibles.

Existe una justificación religiosa del no matarás a partir de la orden divina. Pero recordemos a otro personaje de Dostoievski, aquel de *Los hermanos Karamázov* que decía: «Si Dios no existe, todo está permitido». Los que no somos religiosos pensamos de otra manera: «Pese a que Dios no existe, hay muchas cosas que no pueden estar permitidas».

Entonces, ¿cuál es la justificación racional del quinto mandamiento? Matar significa introducir un principio antisocial por excelencia dentro de la comunidad. La sociedad se basa en la confianza mutua de quienes la componen. Los que están en ella deben ser socios, cómplices en la vida, y no deben transformarse en los enemigos que la amenazan y la destruyen. El hombre que está rodeado de asesinos vive peor que en la selva, porque sus propios semejantes pueden representar el crimen.

De modo que hay una visión religiosa: «No matemos porque Dios no quiere que matemos», a pesar de que él —insisto— nos mata a todos, algo que no debemos olvidar. Pero, por otra parte, está el principio racional: no matemos porque eso destruye la sociedad y termina con la confianza imprescindible para que los seres humanos podamos reposar y descansar unos al lado de otros, sabiendo que nos guardamos las espaldas y no estamos amenazados por los que están cerca de nosotros.

NO MATARÁS

El mayor crimen está ahora, no en los que matan, sino en los que no matan pero dejan matar.

JOSÉ ORTEGA Y GASSET

El quinto mandamiento convierte el matar en un acto escandaloso por excelencia, la muerte en algo antinatural. Sin embargo, todos sabemos que la muerte es lo más natural que existe, lo menos escandaloso y lo más absolutamente trivial. El mismo dios que prohíbe que los hombres se asesinen unos a otros es el que ha establecido que la muerte es el precepto universal que prolonga la vida: morimos para que los demás puedan vivir.

Entonces la muerte es el gran instrumento, el mecanismo por el cual se prolonga la existencia en la naturaleza, en la divinidad, en la creación o en lo que ustedes quieran. ¿Cómo puede ser que ese precepto sea el más divino y el más natural? En el fondo los seres humanos hemos luchado contra la muerte y el asesinato, en contra de la naturaleza y la propia divinidad, que nos mata a todos por igual.

LA GUERRA, LA GRAN EXCUSA PARA MATAR

No hay nada que diga que un territorio es o no imprescindible para la subsistencia de un determinado grupo humano. Hitler consideraba que el espacio vital de su país exigía la conquista de Polonia, Austria y de Europa entera. Y así hemos visto en la modernidad muchos otros casos en los que distintas naciones vieron como necesaria la posesión de territorios limítrofes.

Desde el siglo XVI los estudiosos del derecho natural han hablado de la existencia de guerras justas e injustas. Y entre las primeras, se encuentran aquellas que se producen en defensa de la vida humana, aunque destruyan otras vidas.

Creo que no hay que entender el proceso biológico como un absoluto, como un criterio zoológico. Hay que tomarlo como referencia a la vida humana, que exige libertad, autonomía, capacidad de intervención y decisión en los asuntos que nos afectan. En esa instancia, en la defensa de esos valores, entonces sí creo que se debe recurrir a la violencia, cuando todo está amenazado por la tiranía y la invasión destructora.

Me parece muy bueno no verter sangre humana, pero hay un momento en que el tirano se convierte en una causa de sufrimientos, crímenes y muerte, por lo que el respeto a la vida exige el enfrentamiento en un terreno en el que también pueden perderse vidas biológicas.

Leon Tolstoi se preguntaba y contestaba en *Guerra y paz*: «¿Qué es la guerra? ¿Qué se necesita para tener éxito en las operaciones militares? ¿Cuáles son las costumbres de la sociedad militar? La finalidad de la guerra es el homicidio; sus instrumentos, el espionaje, la traición, la ruina de los habitantes, el saqueo y el robo para aprovisionar al ejército, el engaño y la mentira, llamadas astucias militares; las costumbres de la clase militar son la disciplina, el ocio, la ignorancia, la crueldad, el libertinaje y la borrachera, es decir, la falta de libertad. A pesar de esto, esa clase superior es respetada por todos. Todos los reyes, excepto el de China, llevan el uniforme militar, y se conceden las mayores recompensas al que ha matado más gente... Los soldados se reúnen, como por ejemplo sucederá mañana, para matarse unos a otros. Se matarán y mutilarán decenas de miles de hombres, y después se celebrarán misas de acción de gracias porque se ha exterminado a mucha gente (cuyo número se suele exagerar) y se proclamará la victoria creyendo que cuantos más hombres se ha matado mayor es el mérito».

NO MATARÁS

> Sólo hay una guerra que puede permitirse el ser humano: la guerra contra su extinción.
>
> Isaac Asimov

Para Baltasar Garzón existe una alternativa a la violencia y la muerte: «La Corte Penal Internacional. Ni siquiera el Tribunal de Nüremberg tuvo tanta importancia. Sin embargo, llama la atención que países que son paladines de los derechos humanos no solamente desprecian, sino que incluso manifiestan su intención de combatir esta iniciativa, que no es para perseguir a quienes desarrollan misiones humanitarias o de paz, sino para protegerlos de quienes quebrantan el orden internacional fijado. Precisamente esta corte y el estatuto vienen a ejercer el principio de igualdad. Es decir, no se van a tomar en cuenta ni inmunidades, ni impunidades, ni principios de obediencias debidas, que tan malvadas consecuencias han tenido en otros países, como por ejemplo la Argentina».

La pena de muerte

Una de las aberraciones mayores de nuestra época es el mantenimiento de la pena de muerte, incluso por parte de países tan importantes y distinguidos como democráticos. Ninguna legislación internacional sanciona la pena de muerte. Ni siquiera el genocidio está penado así. Sí existen condenas muy duras, reclusiones de por vida, pero no la muerte.

Entonces la pregunta que se plantea es: ¿cómo puede ser que países que firman convenciones internacionales en las que se descarta la pena capital, la empleen dentro de su territorio por delitos menores al genocidio?

Pero también resulta absurdo lo que se considera delito según los países. Por ejemplo, la homosexualidad, que en Occidente es un derecho libremente aceptado, en otras culturas está castigado con la muerte. Hoy en día, en algunos lugares del mundo se convierten en delitos capitales cosas que ni siquiera son sancionadas en otros.

El juez Baltasar Garzón considera que «la visión que se ha tenido de la privación legal de la vida ha sido netamente utilitarista y muy sectaria, desde la Iglesia católica hasta cualquiera de los tiranos que hayan estado o estén pululando por el mundo. En definitiva, la pena de muerte ha sido planteada con un alcance económico, estratégico, político y religioso, que según ha convenido se ha suprimido o se ha aplicado. Por lo tanto, si se hiciera un análisis de cada una de estos elementos, se llegaría a la convicción ineludible de que el respeto a la vida conlleva la abolición de todo tipo de pena de muerte».

Además el mantenimiento irracional de la pena de muerte tiene que ver con el deseo de venganza y de mantener un fondo de atrocidad colectiva que no creo que mejore ni eduque a ninguno de los habitantes de los países donde todavía pervive esta aberración.

> Un torturador no se redime suicidándose, pero algo es algo.
>
> Mario Benedetti

No torturarás a menos que sea necesario

Otra realidad atroz a lo largo de los siglos es la tortura, el empleo del dolor físico para obtener información, humillar o destruir a los contendientes y adversarios políticos.

Lo curioso es que uno de los elementos básicos de la justicia divina son las torturas del infierno y los castigos de los que tantas veces nos han hablado.

Hoy nadie justificaría la tortura, pero sin embargo hay algunos que dicen: «Bueno... hay que tener en cuenta la tortura si es un medio para conseguir información vital». Si, por ejemplo, como suelen plantear los profesores de ética, alguien ha puesto una bomba en uno de los cuarenta colegios de la ciudad y sólo quedan tres cuartos de hora para la explosión, y el que ha puesto el artefacto se niega a declarar, ¿es lícito o no torturar a esa persona para que confiese y se evite la muerte de esos inocentes?

Este tipo de suposiciones arbitrarias, confusas y complejas son las que llevan a decir: «Una vez que uno puede torturar para obtener información, todo lo que obtenga termina siendo interesante, si uno decide que quiere obtenerla y por lo tanto lo que quiere es torturar a partir de ello».

Yo admito que una persona, sea un padre o un policía, en un caso como el hipotético de los cuarenta colegios y la bomba, coja al criminal y le retuerza las orejas hasta que confiese dónde estallará el artefacto. Pero después de haber salvado a los niños debe aceptar recibir el castigo que sea por haberse comportado así. Lo que no admito es que se cree una norma según la cual unos individuos decidan cuándo una información es interesante, para a continuación obtenerla mediante el sufrimiento físico del potencial informante.

En la tortura, el ser humano queda en las manos de otro, convertido en un guiñapo que puede ser estrujado y destruido. Es el punto máximo de abominación, de la destrucción de la dignidad, y esto no se puede legislar. Si en algún momento hay que torturar a alguien para sacarle datos, que quien lo haga se atenga a las consecuencias, pero que no pida una ley para que justifique esa acción.

«La tortura es una especie de muerte —dice Garzón—, de

matanza autorizada, y lo llamo así porque estoy pensando en los crímenes de torturas y desaparición forzada de personas. En definitiva, el trato degradante es llevar a la persona humana hasta un límite mismo que roce la muerte. A tal punto que, en la mayoría de los casos de personas torturadas y a los que yo he tenido ocasión de recibirles declaración en los procesos de investigación de crímenes contra la humanidad, deseaban la muerte en algún momento de su cautiverio o prácticamente día a día. Y si aguantaban, era por las ganas de vivir, pero de hecho la muerte por parte del victimario se había producido. Es decir, la degradación que la tortura supone de la persona y de su dignidad es tal, que sin lugar a dudas es equivalente a morir.»

Hay casos impresionantes de individuos destacados que han pasado por campos de concentración, por ejemplo en la época nazi o soviética. Muchos de ellos, años después de ser liberados se quitaron la vida. Creo que llegaron a la conclusión de que ya habían muerto, de que en verdad no habían logrado sobrevivir al campo porque su vida quedó allí.

Un ejemplo es el del psicólogo Bruno Bettelheim, quien en su libro *Sobrevivir: el holocausto de una generación después* afirma: «Ser uno de los pocos que se salvaron cuando perecían millones de personas como tú parece entrañar una obligación especial de justificar tu buena suerte, tu misma existencia, ya que se permitió que ésta continuara cuando ocurría lo contrario con otras exactamente iguales a ella.

»El haber sobrevivido también parece entrañar una responsabilidad imprecisa, pero muy especial. Ello se debe a que lo que debería haber sido tu derecho de nacimiento: vivir tu vida en relativa paz y seguridad —no ser asesinado caprichosamente por el Estado, que debería tener la obligación de protegerte la vida— se experimenta en realidad como un golpe de suerte inmerecida e inexplicable. Fue un milagro que el superviviente se salvase cuando perecían millones de seres como él, por lo tanto, parece que ello sucediera con algún propósito insondable.

»Una voz, la de la razón, trata de responder a la pregunta "¿Por qué me salvé?" con las palabras "Fue pura suerte, simple casualidad; no hay otra respuesta a la pregunta", mientras la voz de la conciencia replica: "Cierto, pero la razón por la que tuviste oportunidad de sobrevivir fue que algún otro prisionero murió en tu lugar". Y detrás de esta respuesta, como un susurro, cabría oír una acusación aún más severa, más crítica: "Algunos de ellos murieron porque tú los expulsaste de un puesto de trabajo más fácil, otros porque no les prestaste un poco de ayuda, comida, por ejemplo, de la que posiblemente hubieses podido prescindir". Y existe siempre la acusación última para la que no hay respuesta aceptable: "Te alegraste de que hubiera muerto otro en vez de ti"».

Aborto, suicidio y eutanasia

Es obvio que el quinto mandamiento se refiere a no matar personas. Entonces la cuestión es si un feto es una persona o un conjunto de células, cuyo desarrollo puede llegar a constituirse en un ser humano. A las dos o tres semanas de producida la concepción, ¿puede pasar a vivir en forma independiente de la madre? Es cierto que un conjunto de células que pueden llegar a formar un ser humano no lo son, de la misma manera que una castaña no es un castaño, aunque puede llegar a serlo. La cuestión es: ¿dónde se establece esa distinción? ¿Cuándo se produce el paso del embrión al ser ya realizado? Se trata de un tema que ha provocado muchas discusiones y que ha cambiado a lo largo de los años. Pensemos que en el pasado había menos abortos porque existía más infanticidio. A las niñas no deseadas se las ejecutaba, al igual que a los niños que nacían con taras.

Hoy por fortuna no existe el infanticidio, pero sí la polémica sobre el aborto. Por supuesto que abortar no es algo irrelevante. Creo que ninguna mujer lo hace por gusto ni por capricho. Se trata de un problema no sólo legal, sino también moral, y hay que planteárselo. Hay visiones diferentes, las laicas y las religiosas, pero dentro de estas últimas hay también divergencias en el tratamiento del tema.

En el caso del judaísmo está prohibido como concepto general, pero existe la posibilidad de realizar el aborto terapéutico cuando corre peligro el embarazo y la vida de la madre. «Consideramos que la vida de la madre se antepone a la vida del feto —dice el rabino Sacca—, porque no se lo considera un ser vivo total sino relativo. De acuerdo a la ley, el que asesina a una persona tiene una condena, pero el que practica un aborto, aunque está prohibido, no tiene condena. Porque no mató a un ser humano, sino a algo que está en un proceso de vida. Hasta que la persona no nace no es considerada totalmente viva como ser humano, pero sí está en proceso de vida y está prohibido asesinarlo, salvo que otro ser vivo total corra peligro por causa de él, esto es aborto terapéutico.»

El catolicismo condena de forma específica el aborto y lo castiga con la excomunión ipso facto. El padre Busso explica la posición de la Iglesia: «La persona que realiza un aborto y los que le ayudan y colaboran caen en este castigo, siempre que el aborto se realice efectivamente y el individuo conozca la existencia del mismo, porque se trata de una de las formas de matar más graves. Para nosotros hay vida desde la concepción y hasta la muerte natural. La concepción está dada desde el momento en que se unen las dos células: la masculina y la femenina. No siempre fue considerado así, porque antes se pensaba que el alma era infundida al tercer mes de vida, por lo tanto recién a partir de ese mes se consideraba que el aborto producía una muerte. Muchas legislaciones civiles conservan la expresión "personas por nacer" al referirse al no nacido».

NO MATARÁS

Cuando se habla de no matar parece que uno se refiere a no matar al otro. Pero ¿qué pasa con los suicidas, los que se matan a sí mismos? Allí existe una complicidad entre el delincuente y la víctima. Es decir, son la misma persona. Podríamos decir que es el único crimen realmente perfecto; el asesino —el suicida— nunca puede ser castigado. Escapa en definitivamente de la justicia, al menos de la terrena.

Si consideramos que la vida humana está en manos de Dios, que es una propiedad divina, que sólo somos usufructuarios o que vivimos de alquiler, entonces no tenemos derecho a quitárnosla. Otra cosa es si pensamos que la vida es un bien al que le debemos dar una jerarquía: alta, baja o sin ningún tipo de interés.

El suicida lo único que hace es renunciar a algo que ha sido un bien, y que ha dejado de serlo. Tal vez uno pueda suicidarse incluso por amor a la vida. Uno ha amado tanto la vida y las cosas buenas que ella tiene, que no se resigna a aceptarla cuando carece de lo que la hacía apreciable.

Para los judíos es tan condenable el suicidio como el asesinato. Según el rabino Sacca, «cuando una persona se deprime y se debilita, debe encontrar fuerzas para sobrellevar ese problema y no atentar contra su vida, porque si Dios nos está exhortando a no hacerlo es porque tenemos fuerza para lograrlo».

Existieron grandes maestros de moral como Séneca, por ejemplo, que defendieron la licitud del suicidio. Otros lo han considerado como una agresión a los derechos de la divinidad, y hasta ha llegado a ser un delito en algunas legislaciones.

Pero se trata de un tema de reflexión relacionado también con cuestiones como la eutanasia, que es la muerte que se da a enfermos terminales que no desean seguir viviendo; un fenómeno complejo que se plantea ante la decisión moral y jurídica en relación con este mandamiento. ¿Cuándo tiene un paciente derecho a pedir que sus sufrimientos se acaben, que no le prolonguen la vida de manera artificial? En síntesis, cuando un médico no sabe cómo curar a una persona y ni siquiera puede paliar de forma suficiente los sufrimientos del enfermo, ¿qué derecho tiene a mantenerlo vivo? Hay consenso en la sociedad: evitar el encarnizamiento terapéutico. Es decir, que no se hagan esfuerzos desmesurados, incluso inhumanos, por mantener a toda costa una vida, aunque sea vegetativa, en contra de toda voluntad y esperanza.

Garzón considera que «entran en conflicto el principio de respeto a la vida como bien inalienable y los espacios de libertad y autonomía. En todo caso, si fundimos unos con otros, creo que no tiene sentido mantener la vida cuando ésta en realidad no existe. En estos casos deben primar la libertad y la autonomía de la persona. De lo contrario, lo único que se consigue no es alabar a Dios o justificar un componente ético mínimo, sino una forma de tortura legal».

Pero una cosa es prolongar la vida activamente y otra muy distinta es terminar con ella de manera también activa. No es lo mismo mantener enchufado a un enfermo que necesita determinado instrumento para seguir viviendo, que poner una inyección o hacer algún tipo de práctica que acabe con la existencia.

«El dejar morir, la eutanasia negativa, es lo que hacemos las personas —dice el padre Busso—, porque llega un momento en que las fuerzas naturales y el conocimiento de la ciencia en ese momento indican que deben bajar los brazos ante la realidad de la naturaleza... Una persona puede decidir sobre su propia vida en ciertos casos, lo que no puede hacer es matarse, pero puede pedir en un momento dado "déjenme morir", que es algo totalmente lícito. Por otro lado, el médico no tiene la obligación de mantenerlo con vida indefinidamente; tiene la obligación de curarlo y en un momento dado tendrá que resignarse y reconocer que "no se puede hacer más", porque cuando no existen más posibilidades cualquier acción terapéutica ordinaria puede transformarse en un acto de crueldad. Un valor al que se subordina el valor primario, pero no absoluto, de la vida propia es el motivo de caridad, como en el caso del martirio o de la ayuda a otro. La misma ley que permite disponer de la vida propia en ese sentido le prohíbe disponer de la ajena por cualquier motivo.»

Se trata de un límite difícil, porque la omisión de un tratamiento también es causa de muerte. Por esa razón me parece lícito que exista lo que se llama un testamento vital. Es decir, un documento que firman los individuos cuando están en pleno uso de sus facultades físicas y mentales, y en el que expresan su deseo de no ser mantenidos con vida en caso de que sus posibilidades de supervivencia sean sólo de carácter artificial. Pero todas estas cuestiones relacionadas con la vida y la muerte no se pueden solucionar y sancionar con un decreto, necesitan y exigen un profundo debate.

Para la religión judía también hay una clara diferenciación entre la eutanasia activa y la pasiva. «Cuando vemos que una persona está enferma —dice el rabino Sacca—, está sufriendo y pide que le quitemos la vida, no podemos hacerlo. La eutanasia activa está prohibida dentro del judaísmo, se la considera un asesinato. La eutanasia pasiva es la abstención de tratamiento al paciente, para que deje de existir por causas naturales. Hay una prohibición de alargar la vida por medios médicos a aquellas personas que inevitablemente van a morir y pasan por un gran sufrimiento. No podemos prolongarle el dolor. Tenemos prohibido por un lado acortarle la vida en forma activa y por el otro producir dolor innecesario.»

Los regímenes totalitarios y el terrorismo son en la actualidad los que ignoran de forma sistemática el quinto mandamiento. Estela de Carlotto dice que «en la Argentina se ha violado en forma terrible por la dictadura militar. Estamos hablando de treinta mil desaparecidos. Utilizamos esta palabra porque no han aparecido, pero después de tantos años, del no regreso de ellos y por propia confesión de los asesinos, estamos hablando de la muerte. Estos cristianos falsos que se persignan y comulgan todos los días han hecho uso de las armas, programado un plan de exterminio ideológico y concreto. Parece mentira que seres humanos hayan hecho esto y que se nieguen a pedir perdón por lo que hicieron».

Respecto del terrorismo, Garzón dice que «pese a que puede haber diferencias entre organizaciones, todas se plantean la muerte como un elemento más de su estrategia, pero no el único. La muerte es un instrumento más y a veces ni siquiera el más importante, aunque lo más importante sea la pérdida de la vida. Pero respecto al terrorismo hay mucha connivencia, pasividad. Hay incluso planteamientos que apoyan este tipo de soluciones violentas, que de alguna forma infringen el quinto mandamiento, más en el sentido ético que jurídico».

El quinto mandamiento —no matarás— es una ley de extremos, porque cubre las puntas, los cabos de la vida. Por una parte, ¿dónde empieza la muerte, qué la produce? ¿Cuándo podemos dar por irreversible el fin de una persona? En el otro extremo: ¿cuándo empieza la vida, cuándo se da el nacimiento y un conjunto de células, un embrión, se convierte realmente en una persona?

Es el mandamiento más nuclear, que pone en cuestión permanente lo esencial de nuestra propia condición humana.

El «no matarás» ¿afecta a la eliminación de un ser que es viable como persona al comienzo de la vida; o permite de alguna manera hacerlo al final? El «no matarás», como la propia muerte, pesa y está presente de forma permanente a lo largo de nuestra vida. Nos hace preguntarnos por nuestro origen y por nuestro fin, por nuestras obligaciones respecto de nosotros mismos, por nuestra existencia y por el mantenimiento de nuestra vida.

VI
No cometerás adulterio

Yahvé y Savater tienen una charla sobre sexo

Ya sé lo que vas a contestarme, pero igualmente tengo que preguntártelo: ¿no crees que esto de «no cometerás adulterio» está un poquito anticuado? Hombre... estoy seguro de que era razonable en las épocas en que el jefe de la familia debía estar seguro de que transmitía su herencia a sus hijos legítimos, cuando el hombre era dueño de la mujer. Hoy las costumbres se han hecho más abiertas y el tema del sexo no es ya un asunto exclusivo de hombres y mujeres; todo ha cambiado y se admiten relaciones prematrimoniales, posmatrimoniales, entre gente que no se ha casado nunca, homosexuales...

El sexo es complejo... y por supuesto que me dirás que el sexo con amor es mucho mejor que todo lo demás. Está bien... te lo admito... pero hay una observación que hace Woody Allen que te interesará: «El sexo con amor es lo mejor de todo, pero el sexo sin amor es lo segundo mejor inmediatamente después de eso». Y la mayoría de la gente piensa así. Es decir, el sexo con amor es estupendo, pero mientras llega ese momento uno puede practicar el sexo sin amor. Tal vez esto te escandalice, pero es una idea bastante extendida y es un tema de discusión que tiene innumerables aristas. Por eso creo que te vendría bien leer este capítulo, que te servirá para ponerte al día en estas cuestiones, que son muy sugestivas.

Adulterio y transmisión de la propiedad

En los orígenes la prohibición de desear o apoderarse de la mujer del prójimo tenía mucho que ver con la herencia y la transmisión de la propiedad. No creo que los adulterios hayan sido muy perseguidos, ni que tuvieran importancia entre los pobres que no tenían nada que dejar a sus hijos. Distinto era entre los ricos, entre personas pudientes, que necesitaban mantener clara la línea de descendencia para poder transmitir sus bienes.

> Hay maridos tan injustos que exigen de sus mujeres una fidelidad que ellos mismos violan, se parecen a generales que huyen cobardemente del enemigo, quienes sin embargo quieren que sus soldados sostengan el puesto con valor.
>
> PLUTARCO

Aquel que tenía tierras, castillos y posesiones en general, quería asegurarse de que todo quedaría para su hijo mayor y no para uno adulterino. Por eso el gran esfuerzo por mantener a la mujer resguardada, para que el hombre pudiese decir «de este vaso sólo bebo yo, porque de aquí tiene que salir el vástago que se quedará con mis propiedades». Esto no era recíproco, porque el hombre se satisfacía con todas las mujeres que quería fuera del matrimonio.

La monogamia no ha sido, desde luego, la única forma de estructura familiar. Entre los antiguos hebreos y otros pueblos nómadas era normal que el jefe de la tribu tuviera varias mujeres, que fuera una especie de patriarca. Con el tiempo y con el mayor equilibrio en la cantidad de hombres y mujeres se tendió hacia la monogamia.

La moralidad sexual estaba ligada a esa estructura de familia y de la propiedad, hasta tal punto que entre los romanos, por ejemplo, los únicos que tenían estrictos tabúes sexuales eran los *pater familias* o las matronas, aquellos que poseían cosas, mientras que los esclavos no tenían moralidad sexual, es decir, nadie les hacía reproches por ser promiscuos o incestuosos.

Cuando algunos de los esclavos eran liberados por sus señores, pasaban a llamarse libertos. Sus dueños los manumitían, es decir, les daban la libertad. Al entrar en el mundo de las personas libres, conservaban las costumbres de la esclavitud, conductas más abiertas y menos escrupulosas que las de aquellos con familias establecidas. De allí viene la expresión libertinaje, que era el comportamiento que tenían estos libertos, que ya no eran esclavos y que, aunque su conducta podía ser censurable, no tenían todavía los hábitos de disciplina y contención de la otra parte de la sociedad. Por lo tanto, este mandamiento de no fornicar tiene por una parte una profunda base económica, y en segundo término puede relacionarse con el deseo, con lo romántico o lo erótico. De este modo, se trataban de evitar conflictos y enfrentamientos entre herederos.

Según el rabino Sacca éste fue un mandamiento muy difícil de aceptar por el pueblo. «No existía ninguna legislación respecto de con quién convivir. Maimónides cuenta que en la antigüedad los hombres tomaban a las mujeres por la fuerza, tenían hijos con ellas, y luego las dejaban en la calle con sus descendientes. No había regulaciones sobre la familia y la relación matrimonial. Las mujeres estaban totalmente desamparadas y los más fuertes manejaban la sociedad. Por otro lado, existía un gran libertinaje sexual, que incluso practicaba el pueblo hebreo, como todos los de la época. Si hoy decimos que vivimos en un ámbito de libertad sexual, esto no es nada comparado con lo que eran los egipcios de acuerdo a lo que relatan los textos de aquella época. Los judíos formaban parte de esa sociedad, aunque fuera como esclavos, por lo que fue muy difícil incorporar este mandamiento e imponerlo, ya que implicaba limitarse en el ámbito carnal y ceder los derechos que venían exclusivamente del uso de la fuerza. Esta legislación fue revolucionaria para la época, ya que contenía todas las regulaciones sobre la pareja, el matrimonio, los derechos del hombre, la mujer, los hijos y las responsabilidades que uno debía asumir.»

En nuestra época —al menos en los países desarrollados— se han igualado estas conductas y no se tienen dos medidas diferentes para el hombre y la mujer. La pareja puede pactar una especie de celebración de la infidelidad, de consentimiento mutuo. Ejemplo de ello es el intercambio de parejas o *swingers*, algo que hasta hace algunos años podía ser considerado como una tremenda aberración y que hoy es una variedad más de las prácticas sexuales de nuestra sociedad.

Para Daniel Bracamonte, presidente de la Asociación de *swingers* de Argentina, «todas las religiones son castradoras, han impuesto el alejamiento del sexo carnal, han llevado a la idea de que el sexo se disfruta plenamente cuando existe una causa de amor romántico. Y éstas son todas cosas que están en contra de nuestra naturaleza, porque el hombre tiende biológicamente a la diversidad sexual. No está adaptado ni fisiológica ni conscientemente para la monogamia.

»Creo que estamos en los umbrales de un cambio profundo en el concepto de familia, vamos hacia la diversidad. Las nuevas parejas no van a estar conformadas por el género, sino por el afecto. Hombre con mujer, hombre con hombre, mujer con mujer. El *swinger* defiende la institución familiar, la pareja hombre-mujer, pero renunciamos al concepto monógamo: "Vos y yo toda la vida"».

El sexo siempre da lugar a un tono más picaresco, y lleno de sobreentendidos. En esto coincide el escritor Daniel Samper Pisano: «Si uno repasa el Antiguo Testamento y ve las ocasiones donde aparece la tentación, hay veces que uno no puede menos que reírse, y decir que ha sido escrito con un sentido del humor impresionante, porque de otro modo no se entendería. También se puede entender en clave irónica y decir: "El mensaje que me están mandando me lo envían de rebote, esto va a dos bandas y no es directo". Uno debe entender que la ironía sólo cabe cuando hay humor, y el humor sólo cabe cuando se está enviando un mensaje con una determinada sintonía de inteligencia».

El deseo sexual y el no fornicar

El deseo sexual, por su fuerza y capacidad de arrastre, ha despertado siempre restricciones y miedos. Si no se hubiese limitado, no habría respetado los tiempos del trabajo, ni las relaciones sociales. Es una energía muy fuerte, que hay que encauzarla para poder manejarla. Las diferentes culturas han tratado de inhibirlo para que no termine devorando todas las posibilidades de la vida organizada.

Fornicar quiere decir entregarse al deseo sexual fuera de los cauces y de las normas que la sociedad ha establecido. Es hacer lo mismo pero fuera del momento, la persona, el lugar y el orden que la sociedad ha impuesto para realizar ese acto.

Para mí fornicar siempre será una expresión curiosa y evocadora. Recuerdo uno de los seminarios del famoso psicoanalista francés Jacques Lacan, que se llamaba precisamente «ornicar», lo cual son tres partículas francesas unidas en una sola palabra, pero que inevitablemente suena a fornicar, y supongo que ese juego no era precisamente ajeno a las intenciones de Lacan.

El padre Busso recuerda que «cuando enseñábamos catecismo los chicos no sabían mucho que era lo de "no fornicar" y había que explicarlo con todo el embarazo que suponía para el sacerdote que predicaba. Fornicar viene del griego *forneia*, que significa prostitución. Lo que se legislaba como prohibido era la relación amorosa del hombre con la mujer en venta en el sentido literal. Jesucristo amplía el tema cuando dice que se puede ser adúltero también con el corazón y por lo tanto también se involucra el pensamiento, el orden interno, el deseo».

Todos los preceptos que prohíben —en particular el sexto mandamiento— potencian el deseo de transgredirlos. Desde ese punto de vista podría considerarse hasta qué punto el propio Yahvé con sus tabúes no fue el inventor de la pornografía, porque de no haber existido prohibiciones no hubiese existido lo pornográfico.

Samper Pisano dice: «No hay ningún mandamiento que diga "no plancharás la camisa de tu prójimo". Si existiera esa prohibición tendríamos la tentación de planchar de forma permanente. Pero hay que entender por qué Dios inventó estos juegos. Supongo que habrá gozado mucho haciéndolos en su momento».

Siempre pienso en las prohibiciones que había en el Jardín del Edén. Yahvé prohibió comer la manzana y entonces la serpiente se aprovechó. Si Dios hubiera prohibido comer la serpiente, esa misma noche Adán se la hubiera cenado y la especie humana se habría salvado de la tentación permanente del demonio. Está claro que si Dios hubiera querido salvarnos de la tentación, nos habría prohibido el ofidio. Dijo que no a la manzana para dar juego a la serpiente y que continuara siempre presente.

Responsabilidad en el adulterio

Los diversos niveles de responsabilidad en relación con la fornicación y los actos impuros han variado muchísimo a lo largo de los siglos. Durante buena parte de la historia antigua del judaísmo, el único adulterio represible era el que realizaban dos personas casadas que se encontraban al margen de sus respectivos matrimonios. Los solteros, en cambio, no incurrían en una responsabilidad tan grande.

Después, con la irrupción del catolicismo, y en especial a partir del Concilio de Trento se modificó y amplió el tema de las responsabilidades. Por ejemplo, hoy en día, ¿cuál es el nivel de responsabilidad de una prostituta y su cliente? La mujer cumple con su función —por razones de necesidad económica o por motivos culturales— pero no es lo mismo que aquel que va hacia ella por capricho o por vicio.

En la actualidad todas las prácticas entre adultos conscientes que eligen voluntariamente lo que les apetece no tienen responsabilidad ni penal ni ética, y el daño empieza cuando se le impone algo a otra persona por la fuerza. En este sentido, las normas se volvieron más permisivas. Cuando yo era joven, el adulterio era un delito penal que te podía llevar a la cárcel. Hoy nos escandalizamos de esa situación, pero hay países en que se pena con la lapidación.

En la actualidad hay maneras distintas de ver el adulterio. Daniel Bracamonte dice que para un *swinger* «mi mujer cometería un acto de infidelidad si tuviese una relación sexual con otro hombre a mis espaldas. Se trataría de una mentira dentro del matrimonio, cuando en realidad no hay ninguna razón para mentir. Con la libertad sexual que tenemos los *swingers*, si ella me ocultara su relación, debo entender que se trata de algo que tiene que ver con el amor romántico y no solamente con el sexo».

Para el judaísmo, según el rabino Sacca, «lo que despierta su pasión carnal en el hombre es la visión. En la mujer es el tacto. Por esa razón a una mujer no le está prohibido observar a un hombre y halagar su belleza física. En cambio cuando el hombre mira a una mujer le genera pasiones carnales, que lo pueden llevar a cometer adulterio».

Respecto de la Biblia y la violación del sexto mandamiento, Samper Pisano considera que «se trataba de una zarzuela, sólo le faltaba que le pusieran música. En la Biblia el adulterio lo cometen personajes de una enorme delicadeza e importancia simbólica. Por ejemplo, el caso de la familia de Abraham, prócer donde los haya, gran patriarca y guía del pueblo. Abraham estaba casado con Sara, quien consideraba que estaba muy mayor para darle un hijo a su marido, entonces le dijo: "Hombre, yo tengo una esclava que a ti te gusta... yo he visto que la miras... por qué no entras en ella". Abraham lo hizo y nació Ismael y todos tan tranquilos».

Una de las cosas de los cristianos que más escandalizaban a los romanos era que, a su juicio, atacaban la idea de la familia tradicional. Los primeros cristianos no valoraban el matrimonio y los hijos. Su premisa era que todos los hombres eran hermanos. Promovían la idea de abandonar la familia: «Deja a tus padres y a tus hermanos y vente conmigo», dice Cristo en una ocasión. Predicaban lo que parecía una vida errante, bohemia, sin ataduras familiares, lazos, hijos o responsabilidades. Los primeros cristianos vivían incluso en cierta comunidad de bienes, no tenían la familia como la célula individual de la sociedad. Todo esto a los romanos les pareció escandaloso.

Los cristianos tenían una visión enfrentada a los cánones de la época respecto de las obligaciones del cuerpo y a la creación de un orden familiar, lo que llevó a los romanos a considerarlos como seres corruptores.

> No quiso la lengua que de casado a cansado hubiese más que una letra de diferencia.
>
> LOPE DE VEGA

San Pablo dice en la primera carta a los Corintios: «En cuanto a la virginidad, no tengo ningún precepto del Señor, pero les doy un consejo, lo mejor para el hombre es no casarse. Si tienes mujer no la abandones, si no tienes mujer, no la busques. Si te casas, no pecas, pero los que lo hagan sufrirán grandes problemas que yo quisiera evitarles». También dijo: «Quiero que sepan que Cristo es la cabeza del hombre, y el hombre es la cabeza de la mujer, así como la cabeza de Cristo es Dios»… por tal motivo «la mujer que ora o profetiza con la cabeza descubierta deshonra al que es su cabeza. Es como si se hubiera rapado. Si una mujer no se cubre la cabeza con el velo, entonces que se la rape. El hombre no debe cubrirse la cabeza porque él es imagen y reflejo de Dios, mientras que la mujer es reflejo del hombre. En efecto, no es el hombre el que procede de la mujer, sino la mujer del hombre».

Era una idea que iba más allá de la transgresión en el adulterio, ya que consideraba que era innecesario el matrimonio y que había que renunciar al cuerpo. O sea mucho más criticable que fornicar con la mujer ajena es no querer hacerlo con ninguna, ni siquiera con la propia. Hubo muchos padres de la Iglesia que llegaron a castrarse para renunciar de manera absoluta a los deseos sexuales.

Había un mundo de enfrentamiento a las obligaciones del cuerpo y a la creación de un orden familiar que espantaba a los romanos, quienes por estas razones consideraban a los cristianos como seres corruptores.

Monogamia y poligamia

La poligamia y la monogamia han estado repartiéndose los favores sociales a lo largo de los siglos. Yo creo que la poligamia es lo más natural, porque de alguna manera coincide con la propia fisiología de la reproducción, ya que el hombre puede fecundar a varias mujeres.

En determinadas épocas en que se necesitaba que la población aumentase cuanto antes, el patriarca —el macho en su plenitud— lo que hacía era fecundar el mayor número de mujeres posibles para asegurar la descendencia del grupo. Más adelante, cuando se equilibró el número de hombres y mujeres, comenzó a imponerse la monogamia para no multiplicar los conflictos entre los distintos grupos. Pero esto no quiere decir que la poligamia se debe identificar con la infidelidad, ya que se trata de otra forma de fidelidad distinta. La monogamia es fidelidad a un individuo, mientras que la poligamia es hacia un número mayor de personas. También está el caso de la poliandria, en la que varios hombres comparten a la misma mujer, aunque es más raro, porque incluso va en contra de la fisiología normal.

Para Emilio Corbière, «la cuestión del sexo en el judeocristianismo y en el mahometanismo es una muestra de estupidez humana. El verdadero sexo era el de los griegos, de los presocráticos, que era libre. Esta concepción judeocristiana que lo considera pecado está en contra de la historia y del desarrollo humanista».

Todas estas normas están relacionadas con la época en la que el erotismo estaba fiscalizado de manera exclusiva para la reproducción. Pero, a partir del siglo XVIII, el erotismo se dedica tanto a la reproducción como a la satisfacción de la persona.

En la modernidad ha existido con mayor frecuencia lo que podríamos llamar la monogamia sucesiva. Las personas que van pasando por fases monógamas. Casi nadie es monógamo con un sola persona toda la vida, sino que lo es varias veces, una a continuación de la otra. Pero sobre este tema existen todo tipo de combinaciones que tienen que ver con el reparto de los papeles sociales. La irrupción de la mujer en el mundo del trabajo ha cambiado de forma extraordinaria este campo.

Al hombre siempre se le ha consentido más, se le ha permitido una conducta más libre en materia sexual, mientras que con la mujer se ha sido más exigente.

Sin embargo, lo curioso es que la mujer es la que a lo largo de la mitología popular ha tenido fama de lasciva, de persona con deseo insaciable, de traidora, etcétera. El hombre, en cambio, que sí se ha comportado así a lo largo de los siglos, tiene fama de ingenuo, de noble, del que es engañado.

En realidad, el engaño es intentar establecer evaluaciones diferentes para el comportamiento de la mujer y el hombre. Si estamos de acuerdo en aceptar como relativamente natural que el hombre puede tener prácticas sexuales con otras personas que no sean su mujer, habrá que considerar que la mujer tiene el mismo derecho.

Hay distintas razones por las que dos individuos pueden permanecer juntos: económicas, por mantener una estructura familiar, para criar y cuidar a los hijos. Pero el afecto y el cariño deben ser los motivos más importantes para que dos personas vivan juntas en esta época individualista y hedonista.

Ese afecto y ese cariño no tienen por qué ser agotadoramente sexuales. Uno puede tener mucho cariño por alguien y desear compartir su vida, y sin embargo querer hacer el amor con otra, por la que siente sólo curiosidad, o por el atractivo, pero con quien no tendría el más mínimo interés en vivir.

Por lo tanto, puede existir una disociación entre el afecto a largo plazo —el que ayuda a convivir, a compartir trabajos, preocupaciones, intereses y a cuidar de una familia— con el puntual interés sexual que es algo mucho más lúdico, relacionado con la satisfacción de los sentidos y que no tiene por qué tener mayor trascendencia. Es decir, hay personas con las que queremos vivir y hay otras con las que deseamos hacer el amor, y hay veces en las que queremos hacer el amor con aquellas personas con las que también nos gusta vivir.

Esta disociación se ve cada vez con mayor claridad, y quizá dentro de poco no será motivo de ruptura del afecto, ni de separación entre aquellos que quieren vivir juntos, el hecho de que ocasionalmente hagan el amor con otras/otros, fuera de la pareja estable.

El amor libre y el sida

Los años sesenta, quizá algo mitificados, se consideran como los de mayor libertad en las costumbres. Años de explosión lúdica y erótica, de los anticonceptivos y el amor libre. Algo puedo hablar del asunto porque en aquella época tenía veintiún años y estaba en plena efervescencia hormonal. Hubo una ruptura con una serie de pautas anteriores, pero todos solemos contar el pasado de una manera embellecida en exceso.

Creíamos que se había dado paso a una era más desinhibida, sin represiones, más tolerante, en la cual las relaciones humanas habían entrado en juegos más abiertos. Sin embargo, a mediados de los años ochenta apareció la maldición del sida, que primero se centró en el amor homosexual, pero que luego se extendió al heterosexual y hoy alcanza a todas aquellas personas que no toman determinadas precauciones a la hora de hacer el amor.

Los puritanos, o sea los supersticiosos, intentaron en su momento convertir el sida en una especie de maldición divina, en una nueva plaga. En realidad se transformó en algo que atacó las libertades y la flexibilidad de costumbres, e introdujo una serie de controles obligatorios, no por razones morales, sino por meras cuestiones higiénicas. Considero que el noventa por ciento de las restricciones sensatas —no supersticiosas— que están relacionadas con el sexo son mucho más deudoras de la higiene que de la moral, que en realidad se ocupa poco de cintura para abajo de las personas.

La fidelidad quizá sea una virtud, aunque me parece que en general es planteada como una virtud triste. En primer lugar, porque se la reduce al plano casi fisiológico. En este sentido hay que recordar la definición del matrimonio que hacía Kant cuando decía que era un contrato de usufructo, en exclusiva, para el mutuo uso de los órganos sexuales de dos personas. Ya ven ustedes qué romántico y bonito suena. No es raro que con esa idea Kant no se casara nunca en su vida.

Creo que en ese sentido la fidelidad es, en cierto modo, una idea kantiana. Si hemos decidido alquilar nuestros órganos sexuales, el hecho de que más de una persona disfrute de ellos es como si uno realquilase un piso dos veces sin informar al propietario.

La fidelidad es tener fe, ser fiel a alguien, pero en un sentido más amplio: tener fidelidad a su afecto, a sus gustos, hacer las cosas por cariño, por interés de verla vivir mejor, pero no exclusivamente en el terreno sexual. Es por ello por lo que la visión de la fidelidad en el sentido del usufructo de los órganos sexuales que plantea Kant a mí me parece o una virtud triste o una regla burguesa demasiado poco estimable.

> El encanto del matrimonio es que provoca el desencanto necesario de las dos partes.
>
> Oscar Wilde

Esta opinión más o menos cínica de Wilde, se puede completar con otra frase del mismo escritor, quien durante su visita a Estados Unidos, al ver las cataratas del Niágara —destino habitual de los viajes de luna de miel— dijo: «Ésta es la segunda gran decepción de los recién casados norteamericanos». Es cierto, y sobre todo en otras épocas, que las parejas llegaban con poca experiencia erótica al matrimonio. Había mitos y fantasmas alrededor de esos placeres que hacían que el matrimonio pudiera decepcionar, porque la carne, antes o después, se sacia demasiado pronto.

Lo que debe entusiasmar de una convivencia es un tipo de compenetración, de conocimiento mutuo, de complementariedad y de apoyo, algo a lo que no se llega en unos días ni en unos meses, sino en años. Y es así, con el tiempo, como se llegan a entender los encantos de la verdadera pareja que se quiere, y no en los primeros días de arrobo meramente físico.

San Pablo —el auténtico inventor del cristianismo— fue uno de los primeros en hablar del deseo. Para él había tres deseos desordenados, tres libidos, tres anhelos afanosos y excesivos que poseían al hombre a lo largo de su vida: la *libido cognoscendi*, es decir, el deseo desordenado de conocer; la *libido dominando*, el deseo desordenado de mandar, de ordenar de poseer, y la *libido sentiendi*, el deseo desordenado de los sentidos, de los placeres.

Estos tres marcos, en los que el deseo se desborda, forman las pasiones esenciales que arrastran a los hombres y contra las que hay que luchar de forma permanente. De las tres, la más ligada a nuestra naturaleza animal, y sensorial es la *libido sentiendi*, la de los afanes sensuales, la del deseo de gratificación inmediata. Las otras dos son anhelos que se pueden aplazar. Aplazamos nuestro deseo de buscar conocimiento o de alcanzar el poder, pero los sentidos quieren el aquí y ahora. La *libido sentiendi* es la que busca el goce inmediato, aunque sea momentáneo e instantáneo.

De cualquier forma, la práctica del sexo siempre ha estado en el punto de mira para recibir algún tipo de castigo. Ha habido países ilustres como Estados Unidos donde hasta los años sesenta se penaba con la cárcel practicar el coito anal con la propia mujer. Claro que se requería de un vecino, auténticamente malicioso, que estuviese vigilando en todo momento, y que lograra aparecer con el alguacil en el preciso instante en que estabas violando la ley.

NO COMETERÁS ADULTERIO

El sexto mandamiento es probablemente el que produzca una leve sonrisa a quien lo escuche. Una sonrisa pícara. Es el mandamiento que trata del adulterio, de la fornicación —palabra asombrosa—, de los actos impuros, de todo el mundo del deseo. Abarca los aspectos más variados de las relaciones familiares, los temas estrictamente sexuales, la fidelidad, el matrimonio, dentro de parámetros religiosos, morales, con matices sociales, higiénicos y hasta médicos.

VII

No robarás

El escritor le pide a Dios que le aclare qué significa robar

«No robarás»... muy bien dicho. Es en verdad un buen precepto. El robo es y ha sido durante siglos uno de los males de la humanidad. Pero no hiciste precisiones. ¿Qué es con exactitud robar? ¿Roba el padre que ve muriéndose de hambre a su hijo y toma un mendrugo de pan para alimentarle? ¿Roba también el que saquea una provincia entera y se queda con todos sus bienes para su disfrute personal?

No sé cómo sería en los tiempos de Moisés, pero en la actualidad hay distintas denominaciones: al que roba poco lo llaman ratero y le encarcelan; en cambio al que lo hace en gran escala le llaman gran financiero, y recibe todo tipo de elogios y felicitaciones por su espíritu empresarial.

Deberías haberte esforzado un poco más. ¿No podrías haber entrado en detalles y haber aclarado lo que significa robar en sus distintas variantes? Al no haber hecho todas estas precisiones, el resultado de este mandamiento no ha sido bueno.

Hay veces en las que pienso que en lugar de establecer tabúes con tus leyes, lo que hiciste fue dar ideas para que la gente hiciera todo lo contrario. Hoy, las grandes corporaciones, las más respetables, cometen robos enormes. Por cierto, ¿no podrías volver a repetir eso de que los ricos no pasarán a tu reino, como un camello nunca podrá pasar por el ojo de la aguja? Pero hazme un favor... aclara que el ojo de la aguja no se trata de ninguna puerta que hay en Jerusalén, sino de una aguja muy pequeñita, y *que no hay excepciones ni para los ricos... y por supuesto tampoco para los camellos.*

No robar almas

Como ya hemos visto en otros casos, los enunciados originales de los mandamientos difieren mucho, o bastante, de los actuales. El mismo sentido del precepto ha evolucionado a través de los siglos.

No robarás se refería en principio a los secuestros, a no robar almas, a otros seres humanos. El rapto era algo muy frecuente en la época de Moisés, como motivo de la esclavitud o por otro tipo de razones, por lo que con este mandamiento se intentó castigar esa práctica.

«Robar una persona —explica el rabino Sacca— es como matarla. El que secuestra y vende un ser humano como un objeto tiene condena a muerte en el judaísmo, pero no el que roba objetos materiales. El pueblo judío lo sufrió en carne propia cuando fue secuestrado por los egipcios, quienes los tenían como esclavos, y la lucha de Moisés con el faraón fue para terminar con esa condición.»

El cuerpo es la propiedad elemental que tenemos cada uno de nosotros y nadie quiere que sea utilizado, raptado o manipulado por otros. De ahí proviene la normativa legal de Habeas Corpus, el derecho al propio cuerpo, que debe ser jurídica y socialmente respetado. Sin embargo, hay veces en que muchas personas han sido desprovistas hasta de su cuerpo, y esto no sólo se refiere a lo físico, sino que habla de un mundo de relaciones, de afectos, ternuras y esperanzas para otras personas. Por ejemplo, nuestros parientes más próximos, que también se preocupan por nuestro cuerpo y sufren un golpe terrible al verse privados de él.

NO ROBARÁS

Hay ladrones a los que no se castiga, pero que roban lo más preciado: el tiempo.

Napoleón Bonaparte

La historia del último siglo está marcada por estas aberrantes situaciones. Numerosas dictaduras raptaron hombres y mujeres de todas las edades, y transformaron este hecho en un pecado extendido y de gran vigencia. Para Estela de Carlotto, cuando «se hace desaparecer a opositores políticos, también se los está robando. Todos nos damos cuenta ahora que falta una franja generacional en la Argentina, que sea inteligente, capaz y honesta, que si viviera estaría ocupando un lugar clave del poder para resolver cosas, de la manera que ellos querían: con justicia. Pero les han robado el derecho a pensar y a vivir. En la Argentina hubo un robo no sólo material, sino también intelectual, emocional e histórico».

«Yo creo —agrega Carlotto— que la dictadura tenía un plan elaborado, y entre tantas actitudes criminales está la del robo de bebes. Implementaron el más macabro e infame de los robos: el del hijo de la joven secuestrada en un campo de concentración, donde nace en las condiciones más miserables, porque no hay atención, ni alimentos, ni sanidad. Sacárselo de los brazos a la madre para entregárselo quién sabe a quién y adónde. El primer robo que se les hace a nuestros nietos que viven con sus apropiadores es el de su derecho a vivir con su papá y con su mamá.»

El escritor Luis Sepúlveda agrega que «ese robo terrible ha sido practicado por sujetos que tienen una profunda vinculación con el pensamiento religioso. Los militares de América Latina se dicen todos furibundos católicos, suelen ser hombres de misa dominical. Por ejemplo, en el caso de la Argentina, el almirante Massera era un hombre de misa diaria. Además, había una serie de canallas que no se movían si no era con su capellán o su vicario, a quienes estaban solicitándoles de forma constante la repetición de los mandamientos. Sin embargo, practicaron el robo descarado de personas, que va más allá del robo físico del cuerpo del hombre, la mujer o el niño. Lo más terrible es que robaron la idea del tiempo y obligaron a muchas personas a vivir en un atroz presente, el presente de la incertidumbre. A mí me tocó estar bajo la piel de aquellos que lo han padecido. Mi mujer fue secuestrada en Chile y estuvo en condición de desaparecida durante seis meses, o sea, fue robada al hijo, al esposo y a los padres. Ha sido una experiencia terrible, porque sentíamos que el calendario y los relojes estaban paralizados».

Cuando nos referimos al robo, en general hablamos de la depredación, de privar a personas de forma injusta de cosas que tienen derecho a disfrutar. En cambio, dudamos en utilizar la expresión robo cuando se trata de una acción efectuada por una necesidad. ¿Quién, al ver morir a un hijo de hambre o que necesita de forma desesperada una medicina, no cometería un latrocinio si no tuviera otra forma de obtener el dinero para resolver el problema? Sobre todo si se roba a una persona o a una institución adinerada. En tales circunstancias no estamos dispuestos a condenar esta situación de forma tajante. Hay matices morales y jurídicos que diferencian a quien roba por un pedazo de pan, y quien le quita a una viuda el sustento con que alimenta a sus hijos.

Todo lo que se come sin necesidad, se roba al estómago de los pobres.

Mahatma Gandhi

En apoyo a esta frase de Gandhi, surge esa sensación de repugnancia que tenemos ante la inmensa cantidad de millones que mueren de hambre, mientras un grupo de privilegiados muere de indigestión. Esta idea de que el exceso de unos de alguna manera ha sido causa, o al menos acompaña la carencia de otros, es un hecho injusto que rechazamos de manera intuitiva, pero es una situación que persiste, pese a las voces que se alzan en su contra.

Las masas y los saqueos

Como la nuestra es una época de masas, el robo en ocasiones está protagonizado por ellas. Así ocurren los saqueos, el desvalijamiento masivo en poblaciones inmersas en el caos o el desorden. Por lo general, las causas de los saqueos son de origen social y económico, como por ejemplo la violencia racial en Estados Unidos o las hambrunas provocadas después de una guerra, tras la cual una población desfavorecida y maltratada asalta negocios y se aprovisiona de víveres para paliar su necesidad o para vengarse por padecerla. También hay saqueos que son repulsivos y que tienen lugar cuando ocurre una desgracia, como un terremoto o una inundación. Entonces algunas personas, en lugar de ayudar a los damnificados, roban lo que encuentran a sus semejantes. En una sociedad de consumo, de ofertas, de tentaciones, la idea del saqueo puede transformarse en una gran fiesta.

Martín Caparrós cree que el saqueo «es un momento en el que la gente se siente extremadamente libre; puede por fin acceder a aquello que no posee, porque carece del dinero que le permitiría conseguirlo. En ese instante se quiebra el orden capitalista y las personas son libres de conseguir aquello que necesitan porque dejan de lado la intermediación del dinero».

Hugo Mujica tiene otra visión del tema: «No se trata de un momento de libertad, sino de necesidad. La libertad sería que no necesites saquear. El que lo hace ya no tiene libertad. Quizá en ese momento el saqueador tenga la euforia de sentirse reivindicado, pero cualquiera que tenga que cometer un acto por encima de la dignidad humana ha perdido la libertad. La libertad se ejerce cuando el individuo tiene un trabajo y con eso siente que le da de comer a su familia».

El fuero para el gran ladrón, la cárcel para el que roba pan.

Pablo Neruda

Hay un antiguo dicho que asegura que si robas un poco te dirán robaperas o ratero y, si lo haces a gran escala, te llamarán gran financiero. Es verdad que en ocasiones no es fácil establecer el límite entre lo que es un robo real y aquello que son operaciones económicamente audaces. Los financieros que conocen mejor los entresijos del sistema llevan a cabo operaciones que, sin estar estrictamente por fuera de la ley, rozan lo ilegal. En ocasiones se pasa en una misma operación de lo legal a algo menos legal o a lo francamente ilegal. Existen paraísos fiscales, esos lugares que son como espacios en blanco, donde pareciera que están suspendidas leyes que en otros lados tienen plena vigencia. Hay toda una parafernalia de especuladores que se mueven y se enriquecen al utilizar sistemas que, si bien no son delictivos en el sentido literal del término, equivalen a robar a efectos morales. Hay que distinguir qué es la legalidad y la moralidad de los comportamientos, sobre todo en situaciones de penuria y escasez.

Una de las cuestiones que más asombra es la insaciabilidad de algunas personas que cuentan con cantidades de dinero suficientes para más de diez vidas y que siguen robando. En realidad, no puedes comer más de dos o tres veces al día, y tampoco se puede dormir más que en una cama en cada ocasión. En el fondo hay un tope, más allá del cual el dinero se convierte en una molestia y no en una ayuda.

NO ROBARÁS

Para Luis Sepúlveda, el dinero se ha transformado «en el fetiche más popular, más recurrente y en el que más se cree. A mayor acumulación de fetiches, mayor prestigio. Se roba, por ejemplo, para ser incluido en la guía Forbes de las grandes fortunas del planeta. Gente que se ha enriquecido traficando armas, potenciando el robo de vidas humanas, gente que trafica drogas, robando posibilidades de vidas sanas y otros que corrompen, robando posibilidades de que las sociedades se desarrollen con cierta normalidad».

El robo está siempre asociado a la idea del poder. Desde los primeros tiempos, cuando un hombre primitivo vio que uno de sus congéneres salía a cazar, no con las manos, sino con un garrote, allí descubrió que ese elemento tenía varias propiedades además de matar. Y no se le ocurrió confeccionar otro, sino que se lo robó al dueño en un descuido, y lo transformó en un elemento de poder en sus manos.

Pero, como en todo, existen los matices, que han variado con el correr de los siglos. Recuerdo la primera vez que llegué a la preciosa ciudad italiana de Ferrara, llena de villas delicadas y maravillosas. En el Renacimiento tenía menos del uno por ciento de analfabetismo. Era una ciudad culta. En medio de tanta belleza está el castillo de la familia Este, que es como el de Blanca Nieves, cerrado, amurallado, donde vivían quienes mandaban allí, unos personajes shakesperianos o de Mario Puzzo, el creador de *El Padrino*. Eran crueles, asesinos, se mataban unos a otros. Sin embargo, emplearon sus depredaciones para la promoción artística y en alfabetizar a la población. Es curioso cómo dentro de esa brutalidad tenían una idea de alguna manera estética del dinero, mientras hoy se lo quema en las fiestas marbellíes o cosas por el estilo.

Cuando roba el Estado

El Estado de bienestar moderno es uno de los indudables logros de la civilización. Por ejemplo, la seguridad social, la protección del desempleo y la salud garantizados por el Estado son argumentos claros a favor del progreso moral de la humanidad. En ese sentido, podemos afirmar que hoy vivimos en una época moralmente más avanzada que la de Aristóteles o Voltaire.

Los elementos del bienestar hoy no son un logro ni de la derecha ni de la izquierda, sino de la civilización. Hemos pasado a una posición superior, en la que la sociedad se ocupa de los miembros y no simplemente los yuxtapone como en otras épocas. Lo que sucede es que la protección social es muy cara y necesita recaudar mucho dinero de los contribuyentes. Pensemos que en algunos países los individuos llegan a pagar el cincuenta por ciento de sus ganancias al Estado. Nunca ha existido recaudador, ni feudal ni medieval, que se haya llevado ese porcentaje de lo que ganaba la gente. Los señores feudales ofrecían algún tipo de protección, no tan completa o sofisticada como la del Estado de bienestar, pero se conformaban con recaudar mucho menos.

Martín Caparrós tiene su visión particular sobre el tema: «La gente acepta que el Estado le saque parte de lo que consigue por un viejísimo pacto, que tiene miles de años: "Te doy parte de lo que tengo, para que a cambio me des cierta protección". Es el viejo pacto mafioso. La protección al principio podía ser estrictamente militar, y después fue ampliándose a salud, educación, organización. Uno se deja robar alguna parte de lo que tiene a cambio de que le den cierta seguridad. Por eso mucha gente reacciona cuando el Estado no cumple con su parte del pacto mafioso».

En la actualidad hay ocasiones en las que los impuestos estatales son abrumadores, y si el Estado no cumple con su función redistributiva —facilitar servicios, protección, ayuda, apoyo y comodidad a los ciudadanos—, éstos se lo demandan de forma violenta. Así, estamos en presencia de un verdadero robo cuando vemos a funcionarios que contratan obras faraónicas, involucrados en fraudes, en comidas supuestamente de trabajo con grandes dignatarios, o comprando armas cada vez más sofisticadas que luego se pudren en los cuarteles porque simplemente se trata de inversiones técnicas que aumentan año a año. Todo esto es una forma legal de robo. Por lo tanto, la protección y el beneficio de la sociedad son la única justificación que tienen los impuestos, y lo que evita que se transformen en una máquina de aplastar conciencias y voluntades.

«Hoy se supone —dice el padre Busso— que la gente debe estar amparada por un sistema de asistencia social, por las leyes, a diferencia de la antigüedad, donde los pobres sólo eran amparados por la beneficencia. Se presume, con razón, de que la sociedad ha avanzado hasta legalizar la salud, la educación, etcétera. Por lo tanto, subleva el corazón cuando los pobres son perjudicados y sienten que su vida está atravesada por la injusticia social.»

Yo te robo una o varias ideas

Cuando hablamos de robo imaginamos dinero y propiedades tangibles, pero qué pasa con las cosas intangibles. Por ejemplo, con las ideas, las patentes de los grandes inventos, un tema musical, el argumento de una novela o de una obra teatral. ¿Cómo se protege la creatividad humana que produce esos bienes intangibles, pero muy valiosos, en una época en la cual lo que importa es la información? En la actualidad es más importante este tipo de propiedad intelectual que los objetos físicos.

Marcos Aguinis es muy claro en su consideración sobre el tema:

«Yo creo que esta idea está vinculada con el esfuerzo que se debe hacer para no apropiarse de lo ajeno, en dejar que cada uno tenga el mérito que le corresponde y reconocérselo. Aceptar que cada individuo es fuente de riquezas que no deben ser quitadas, que son de su autoría porque son parte también del estímulo y la dignidad. Por ejemplo, algunas teorías colectivistas y autoritarias tratan de establecer una especie de anonimato. En el arte es donde se ve con precisión la importancia singular del ser humano. Nadie podría haber escrito la *Novena sinfonía* si no hubiese sido Beethoven, nadie habría escrito *Los hermanos Karamázov* si no hubiese sido Dostoievski».

Para el escritor Marcelo Birmajer «el alma humana necesita la individualidad, como el cuerpo requiere de comida. Tenemos que poder decir: esto lo inventé yo, esto lleva mi nombre. Porque mi escaso consuelo es saber cuál fue mi creación, en esta tierra de desconcierto, donde el único que sabe lo que ocurre es Dios o el misterio, y yo no sé nada».

Vivimos una época dominada por los desarrollos tecnológicos. En relación con este mandamiento y los derechos de autor, estamos frente a situaciones que todavía no se han definido, pero que están cambiando todo lo conocido hasta ahora. Hoy cualquiera puede obtener a través de internet el texto del último libro, grabaciones musicales o de una película aún no estrenada.

Me pregunto cómo el concepto tradicional de derecho de autor podrá resistir esta extraordinaria facilidad actual para el plagio. También es cierto que en la actualidad es cada vez más fácil que uno haga sus propios libros o discos al margen de las empresas. Así disminuyen los beneficios de las grandes corporaciones, que a veces son abusivos.

Pero, por otra parte, el artista queda desprotegido, porque ¿qué posibilidades tiene él de obtener los beneficios de su trabajo y qué sentido tiene para él mismo desarrollarlo, si cualquiera va a poder disfrutarlo de forma gratuita?

Creo que el tema de los derechos de autor, relacionado con internet y con las nuevas formas de reproducción tecnológica, va a cambiar en buena medida nuestro concepto del plagio, del robo intelectual. ¿Hasta qué punto vamos a poder seguir llamando robo a este comportamiento que quizá termine por convertirse en algo habitual? Cuando empezó a popularizarse la fotocopiadora ocurrió algo similar. Hoy la fotocopia de libros es normal, y nadie se siente culpable ni ladrón por haber fotocopiado el libro de un amigo para poder disfrutarlo, en lugar de comprarlo en un comercio.

El robo está entre nosotros

Como hemos visto, el séptimo mandamiento se refería originalmente a no robar almas, personas. Luego su significado se amplió: no expoliarás, no desvalijarás, no abusarás de la credulidad o la ingenuidad de tu prójimo para quitarle lo que lo beneficia de forma legítima. También surge la pregunta sobre si puede haber robos justificados por la necesidad o por otros robos anteriores de los que uno ha sido víctima y lo han dejado en situación de indefensión. Los Estados también se caracterizan por no cumplir con la séptima ley de Moisés cuando sustraen buena parte de sus ganancias a los contribuyentes y no lo revierten en beneficios para la sociedad. Finalmente, el robo de las ideas es una acción mucho más sutil que el sustraer objetos físicos, como también ocurre con los fraudes especulativos y financieros.

Se trata de un mandamiento que abarca todos los campos, relacionado con la moral de las sociedades y los individuos ya que muchas veces tan sólo una delgada línea separa al robo de lo que no lo es.

VIII

No levantarás falsos testimonios ni mentirás

Yavhé y el filósofo piden no mentirse mutuamente

«No levantarás falsos testimonios ni mentirás.» Pero ¿estás seguro de que uno puede hablar sin mentir? Ya sabes lo que dijo Goethe, que tú nos concediste la palabra para que pudiéramos ocultar mejor nuestros pensamientos. Por lo menos, el efecto ha sido ése: la palabra se utiliza para enmascarar, en parte o todo, lo que no se quiere decir.

Esto ocurre en todos los ámbitos y muchas veces lo hemos visto entre tus representantes. Cuando se trata de la mentira, es casi inevitable recordar las cosas que, a lo largo de los siglos, hemos tenido que escuchar a tus lenguaraces sobre la tierra. Me refiero a algunos que, según ellos, tienen una gran relación contigo y no son ejemplos de probidad ni veracidad. Para mí hay algo que no funciona.

Sí... me lo has dicho... ya sé que tú te propusiste como la verdad, el verbo. Pero ¿cómo logramos casar esa realidad con la palabra? ¿Somos amos de lo que decimos? Se afirma que uno domina sus silencios y no sus palabras. Es probable que sea así, que seamos más dueños de lo que callamos que de lo que decimos. Cuando hablamos entramos de forma inmediata en el mundo del subterfugio, de la ficción, del malentendido... y en nuestro tiempo dominado por la publicidad... bueno ya sé que son cosas que tú y Moisés no pensasteis al propagar este mandamiento. Por aquellos años no existían los publicitarios, internet, los políticos en campaña electoral, y todas aquellas cosas que llegaron con lo que llamamos la era de la información. Todo muy difícil de prever, incluso para ti.

El contexto de la mentira

Hay mentiras que pueden ser incluso de cortesía, poéticas, que no tienen que escandalizar ni perturbar. Muy al contrario, algunas se encuentran ya integradas en el juego social. Lo importante de la mentira es el contexto y a quién se miente.

Pero también hay mentiras que son graves y dañinas para la mutua confianza de una sociedad. Son las que entran en el contexto oficial, por ejemplo las del político, las del periodista que tiene que dar información o del maestro que tiene que educar. Ésas son las mentiras peligrosas, las que no pueden ser pasadas por alto.

> Sin mentiras la humanidad moriría de desesperación y aburrimiento.
>
> ANATOLE FRANCE

El problema no es que todo el mundo mienta, sino que determinadas mentiras queden impunes en el contexto oficial. Lo importante es que no sean utilizadas para ir en contra de la justicia, del interés público o individual.

En ese sentido, el mundo anglosajón, con todos sus defectos y sus licencias, suele ser muy estricto. Hemos visto cómo reacciona la sociedad en algunos casos donde está involucrada la máxima magistratura, como el ejemplo de Bill Clinton con la becaria Monica Lewinsky. Aparte de que el asunto nos parezca más o menos chusco, el problema era la mentira, el hecho de que el presidente hubiera faltado en algún momento a la verdad. Lo mismo ocurrió con Richard Nixon y el caso Watergate. La verdadera acusación es que, cuando sus votantes, el pueblo, esperan la verdad del servidor público, éste no la dice. El funcionario miente sentado ante un tribunal, cuando habla a la nación, o cuando se dirige a un grupo de personas que esperan ser informadas. Ése es el verdadero problema y a eso alude el mandamiento.

Mentira, ficción y cortesía

El arte, el teatro, el cine tienen elementos de ficción. Las cosas que muestran no ocurren en la realidad y nosotros admitimos dicha situación porque sabemos que no es verdad lo que se nos cuenta. Pero al mismo tiempo nos interesan porque tienen un parecido con situaciones que son verdaderas, o porque pueden iluminarnos sobre lo que es la realidad propiamente dicha.

La cortesía está llena de mentiras. Todos nos deseamos unos a otros los buenos días, decimos a las otras personas que las encontramos con un aspecto excelente, o que estamos encantados de conocerlos. Lo que en general ocurre es que no siempre creemos que los días sean especialmente buenos, ni el aspecto del otro nos parece tan bueno, ni estamos tan encantados de conocerlos. Pero en este tipo de amabilidad está basada nuestra relación mutua y, aunque todos estamos al tanto de la ficción que se esconde detrás de estas fórmulas, nos molesta cuando alguien abusa de su sinceridad y deja de lado la cortesía. Supongo que hay un tipo de mentiras que nosotros exigimos a los demás: las de cortesía, las del arte, las de la ficción, y en ocasiones hasta pedimos que se nos oculten realidades desagradables que no podemos cambiar.

Hay gente, por ejemplo, que si padeciese una grave enfermedad, preferiría que no le dijesen que no tiene cura y pasar así los últimos días convencido de que está mejor y que pronto recuperará la salud. Muchos de nosotros actuamos como aquella señorita Luz, personaje de la obra teatral *Mi Fausto*, de Paul Valéry, cuando le pregunta a Fausto: «¿Quiere usted que le diga la verdad?». A lo que Fausto responde: «Dígame usted la mentira que considere más digna de ser verdad». Lo mismo pasa con nosotros. Por una u otra razón, preferimos que nos digan la mentira que el otro considere más digna de ser verdad, o que nosotros vamos a aceptar como más digna de ser verdad.

Hugo Mujica afirma que «el falso testimonio está metido en nosotros. Inventamos con una gran facilidad, y si no lo hacemos creemos todo lo que nos conviene. Vivimos en un mar, ya no diría de falso testimonio, sino de mentira existencial. Nuestra vida es muy falsa. Esto ocurre desde el mismo momento en que somos incapaces de corroborar lo que estamos escuchando, a lo que hay que agregar que tenemos una enorme facilidad de transmitir lo escuchado y agregarle inventos. La verdad se ha perdido con esa solidez de una palabra que se dice, con conocimiento o al menos con compromiso».

> Nunca se miente tanto como antes de las elecciones, durante la guerra y después de la cacería.
>
> Otto von Bismark

Cuando pensamos en política, ¿no estamos también engañando o haciendo trampas? Por ejemplo, la gente dice que le gusta la libertad. ¿Realmente es así? ¿Puede vivir en libertad? ¿Acepta los riesgos y las contradicciones que puede tener la libertad? Libertad es también la libertad de equivocarse, de hacerse daño. Lo que sucede es que muchos sólo quieren la parte positiva y buena de la libertad, que se mantenga sin esfuerzo y sin ningún trabajo. La gente quiere que, en un momento determinado, lo que es de su interés, sea llamado justicia o libertad.

Para el judaísmo, según el rabino Sacca, «no levantar falso testimonio es un pilar de la sociedad que se constituye civilizadamente. Si se miente, no se puede formar una sociedad. El que promete no paga, el que compra no retribuye, el que da su palabra no cumple, el que da su testimonio lo hace mintiendo. Es una comunidad condenada a la destrucción. Nosotros consideramos que la sociedad que practica la mentira desaparece, no puede constituirse».

Marcos Aguinis coincide con esta visión: «Culturalmente hay países donde la mentira no es adecuadamente castigada, y esto es muy corrosivo para la sociedad, porque impide tener claridad de rutas, no se sabe con exactitud adónde ir, a qué atenerse, predomina la confusión, el engaño. El orden social requiere que la mentira sea sancionada y que sea aceptada la verdad. Las sociedades que no actúan contra la mentira avanzan más lentamente y tienen más dificultades para resolver sus problemas. Estar en condiciones de aceptar ciertas verdades no es fácil. A veces hay mucha resistencia y miedo de decirlas. La verdad pareciera que es propia de personas más duras, que están en condiciones de soportar esa herida que produce enterarse de algo malo, pero que sabiéndolo están en posición de lograr superarlo».

En lo que a mí respecta, no creo haber sido más mentiroso que otros a lo largo de mi vida. Es probable que le deba esta tendencia espontánea a la sinceridad a algo que me ocurrió cuando era muy pequeño. Cuando tenía cinco años mis padres me habían puesto un profesor particular para que me preparara en las primeras letras y números. Era una persona muy bondadosa, amiga de la familia. Pero a mí me fastidiaba mucho tener que estar con él en lugar de jugar con mis hermanos. Lo peor era que siempre me dejaba deberes para que practicara fuera de la clase. Eso ya me resultaba intolerable. Entonces un día, con toda tranquilidad, le mentí: «Mis padres me han dicho que no me ponga usted deberes, porque no quieren sobrecargarme de trabajo». Este pobre hombre tan bondadoso y crédulo me contestó: «Ah, bueno, pues nada, no te pondré deberes». A los dos días, cuando mi madre salió a despedirlo, se enteró de la conversación y se indignó. A partir de ese momento me di cuenta de que la mentira puede traer malas consecuencias.

También reconozco que en otra ocasión he prestado falso testimonio. En la época de la dictadura de Franco, un amigo fue detenido por haber repartido propaganda política, y yo testimonié ante el tribunal que él estaba conmigo en la otra punta del universo. Pero nunca tuve ningún conflicto con ese tema, porque en las dictaduras todo es falso, no sólo el testimonio que uno presta.

Tal vez he mentido a bastantes mujeres. Pero no lo hacía cuando les decía que las quería, sino cuando afirmaba que no quería a nadie más.

De cualquier modo, insisto en que no creo haber mentido más que otros y, aunque me interesa el mundo de la ficción, también me gusta la exactitud. Quizá, en ese sentido, me parece que la filosofía es la búsqueda de la verdad.

Información y mentira

En los últimos cien años la información se ha convertido en el eje de la sociedad. Las personas más poderosas son aquellas que tienen información de primera mano, y su poder es mayor incluso que el de los que poseen bienes tangibles. La diferencia estriba entre quienes hacen llegar la información a los demás y entre aquellos que la reciben. Estas diferencias son esenciales y de ahí surge la verdad como un tema clave.

Todos sabemos que la información no puede ofrecer verdades

absolutas. No es lo mismo el terreno de la información que el de la opinión. Los medios de comunicación tienen que distinguir entre dar información, para lo cual deben atenerse al máximo a la objetividad de los hechos, y ofrecer opiniones, que son personales, son interpretaciones y van firmadas.

La opinión no tiene que ser creída con la misma certeza que se le da a la información objetiva. Hay que tener en cuenta además que los informadores trabajan en medios de comunicación, algunos de los cuales forman parte de grandes conglomerados que tienen sus propios intereses, que muchas veces no coinciden con ofrecer buena información a la sociedad, sino con la búsqueda de poder para acrecentar sus negocios. No hace falta más que ver la oferta de varios medios de comunicación, para darse cuenta de cómo cada uno de ellos —de algún modo— está al servicio de grupos de presión, partidos políticos, etcétera. Esto no quiere decir que falseen la información, sino que la están sesgando, hacia lo que interesa a su sector. Dudo que exista una solución definitiva a este problema. La única que se me ocurre es comprar varios periódicos y revistas, ver distintas cadenas de televisión y escuchar muchas radios. Es decir, buscar uno mismo la información en diversas fuentes, contrastarla y crearse su propia visión. Pero, por supuesto, esto no está al alcance de todo el mundo por razones económicas y de tiempo.

> Lo que me preocupa no es que hayas mentido, sino que de ahora en adelante ya no podré creer en ti.
>
> FRIEDRICH NIETZSCHE

Según Hugo Mujica: «En los medios se recicla la palabra como mercancía porque hay que transformarla en un producto vendible. La palabra puede ir asociada a la mentira como seducción. Pero lo curioso es que nadie pide la verdad, como dice un tango: "Mi corazón una mentira pide". Creo que partimos de la mentira porque estamos instalados en la mentira».

Hace poco leí en la prensa una noticia que me pareció muy curiosa. Se iba a crear en Estados Unidos algo así como una oficina de mentiras para esparcir rumores intencionados que beneficiaran, por ejemplo, a la lucha contra el terrorismo. Al día siguiente salió un desmentido oficial sobre la creación de semejante agencia. Entonces muchos pensamos que ésa había sido la primera tarea de la central de creación de mentiras: decir que no existía.

Los rumores interesados se han utilizado en todas las épocas. Winston Churchill lo hizo durante la Segunda Guerra Mundial. Inventaba supuestos éxitos de sus tropas frente a Alemania, para mantener el ánimo de la población. Recordemos los rumores que se hicieron correr sobre que los judíos envenenaban los caramelos que les daban a los niños o contaminaban el agua potable. Falsedades que fueron la base de atroces persecuciones.

La guerra de los mundos

Un caso histórico en este sentido fue la recreación radiofónica que hizo Orson Welles de *La guerra de los mundos*, la novela de H. G. Wells que cuenta una invasión de la Tierra por parte de marcianos que empiezan a cometer todo tipo de atropellos por el mundo. El programa de radio era tan realista que la gente que conectó con la emisora cuando la narración ya estaba avanzada creyó que se estaba dando una noticia. Se informaba de que habían llegado unas naves que estaban destruyendo las ciudades. Se creó una situación de pánico que con el tiempo pareció divertida, pero que en su momento produjo escenas dramáticas. El episodio resultó ser una muestra del poder de la radio y de la información, cuando su único objetivo consistía en hacer un buen producto artístico. Sirvió de alerta sobre la importancia de los medios de comunicación y el peligro de difundir falsedades, medias verdades, trastocar opiniones de la gente y crear pánicos y entusiasmos infundados.

Una de las tendencias de quienes están en posesión del poder consiste en cambiar el pasado mediante mentiras y hacer desaparecer realidades que no les gustan. En *1984*, la novela de George Orwell, hay un Ministerio de la Mentira, dedicado a cambiar la historia de forma permanente y transformar la realidad, una copia de lo que ha ocurrido en los últimos cien años.

Recuerdo que en los pasillos de mi colegio estaban las fotografías de las anteriores promociones. Hubo en España un famoso asesino múltiple, Jarabo, que había pasado por esas aulas. Las autoridades del colegio borraron con acetona la imagen de Jarabo niño. Se trata de un claro ejemplo de cómo hacer desaparecer, en nombre del presente, a una persona del pasado.

El franquismo lo hacía siempre. Se prohibía mencionar los nombres de determinados escritores, cineastas o artistas adversos al régimen. Stalin también hacía borrar de las fotografías oficiales a Trotski o a cualquiera de los enemigos que iban cayendo en desgracia. Este intento permanente de transformar el pasado, de cambiar las cosas, la realidad que no queremos aceptar acaba en la supresión por decreto.

Hay algo que siempre me ha fascinado cada vez que voy al supermercado a hacer algunas compras y me encuentro con unos botes con zumo de naranja que dicen: «Frutas recién exprimidas». Es obvio que, si el zumo está dentro de un recipiente, y éste fue de la fábrica al supermercado, puede ser cualquier cosa, menos «recién exprimido». Todos sabemos que se trata de algo imposible, pero lo aceptamos y no querríamos que pusieran otra cosa en la publicidad. No estaríamos de acuerdo si anunciaran: «Zumo de naranjas exprimidas hace quince días, pero que está bastante bien todavía». No, queremos que se nos garantice la frescura y la inmediatez que es sencillamente imposible. Ésta es una situación que se repite con diferentes productos que la publicidad anuncia y que asumimos como una ficción. En general, la publicidad es una especie de elemento amplificador de la fantasía humana que primero adivina y a continuación corporeíza las ilusiones que proyectamos sobre cosas muy sencillas, cuya utilidad puede ser más o menos indudable, pero que, desde luego, no van a tener efectos asombrosos sobre nuestras vidas. La publicidad es una fábrica de sueños, de inventos maravillosos, que nosotros creamos en nuestro interior y que ella materializa en el exterior.

Según Marcelo Capurro, «la publicidad no miente. A veces exagera, radicaliza conceptos y extrema situaciones para llamar la atención. Nadie cree, salvo en niveles culturales muy bajos, que "Este jabón lava más blanco que este otro". Los jabones lavan más o menos parecido. Lo que sucede es que la publicidad genera afectos, simpatías y adhesiones que a veces están relacionadas con el actor o modelo que aparece en el anuncio. La publicidad es condenable cuando apela a la mentira directa y flagrante. Pero, en líneas generales, se trata de exageraciones que en términos católicos yo definiría como pecados veniales».

Omisión y ocultamiento

No todas las mentiras lo son en el sentido positivo, ya que se puede decir algo que no necesariamente sea falso. Uno también miente cuando no dice algo que es verdadero y cuya omisión hace que cambie el sentido de las cosas. Por ejemplo, en los contratos que hacen las personas para comprar una casa, un apartamento o cualquier otra cosa, se omite lo que suele llamarse la letra pequeña, lo que puede convertir en negativo lo que parecía muy positivo. En los juicios, omitir un pequeño detalle también es falso testimonio, porque con ese ocultamiento se desvirtúa el resto que se cuenta. Se trata de un acto más sutil, porque no se puede reprochar una mentira al individuo, pero puede crear una situación perversa en juicios, en política o cuando se habla a la opinión pública.

«Para nosotros la omisión es condenable —explica el rabino Sacca— cuando esconde un testimonio ante los tribunales. El individuo sabe algo, no se presenta y no lo dice. Es una no acción, pero es incorrecta. Pero en la vida cotidiana hay omisiones que pueden ser correctas. Por ejemplo, cuando se trata de preservar una buena relación familiar entre un hombre y una mujer y uno de ellos omite hacer un comentario que puede traer una discusión. En ese momento es preferible callar aunque lo que se estaba por decir fuese verdad. Otro caso se da con las malas noticias, que hay que tratar de no darlas en la medida en que se pueda, en la que el otro no tenga la obligación de conocer lo ocurrido.»

Para el padre Busso «omisión puede llegar a ser también el consentimiento de una verdad. Muchas veces el que calla otorga. El padre con los hijos hace omisiones de muchas cosas, a sabiendas, porque va contestando de acuerdo a las preguntas que va haciendo el chico, en la medida que crece, y eso no puede considerarse como mentira. El ocultamiento de toda la verdad a veces puede ser una obligación. Otro tema es la restricción mental. Es lo que utilizamos para salvar los secretos más sagrados, por ejemplo, en ciertos casos límite. No podemos decir mentiras, pero podemos hablar sobre un tema determinado, mediante generalidades para no revelar el secreto».

Quienes no somos creyentes no tenemos ningún inconveniente en engañar a un sicario de una dictadura o a un asesino. Si a mí un terrorista de la ETA o un agente de algún dictador, me pregunta algo y yo puedo engañarle, lo haré sin ningún escrúpulo y con toda tranquilidad para de esta manera ayudar a gente perseguida por ellos, o simplemente para fastidiarlos. En este caso no me consideraré de modo alguno reo de faltar a la verdad.

Pero éste es mi punto de vista. Kant no coincidiría conmigo, ya que escribió un opúsculo donde dijo que no podía mentirse en ninguna condición, ni siquiera para salvar la vida de un inocente.

Para quienes acuñaron este mandamiento la cuestión crucial era el testimonio en los procesos penales, que no tenían otra forma de prueba más que la palabra dada por las partes, por lo cual era imprescindible la sinceridad de quienes declaraban.

¿Qué es la verdad? Así interrogó Pilatos a Cristo en una ocasión célebre. Uno de los grandes filósofos medievales, santo Tomás de Aquino, la definía diciendo que es la adecuación entre el intelecto, la inteligencia humana y la cosa; la adecuación del intelecto con la realidad. Pero a nosotros la que nos interesa es la verdad que surge del mandamiento: no levantar falso testimonio, no mentir. Es la verdad que se adecua entre lo que nosotros intelectualmente captamos como realidad y lo que decimos o lo que contamos. En ocasiones, por razones morales o jurídicas, debemos decir exactamente lo que sabemos o lo que creemos que es cierto y se ajusta a la realidad. En otras, no es obligatorio. También existen cuestiones triviales en las que es superfluo decir o no la verdad que en otros momentos se nos puede exigir. Lo peligroso, en definitiva, es cuando la mentira causa graves perjuicios a los individuos o a la comunidad en general.

IX

No desearás a la mujer del prójimo

El autor dice que no desear a la mujer del prójimo es una antigüedad, y Yahvé se disgusta

En este caso, y como en casi todos los demás mandamientos, te mostrarás en desacuerdo conmigo, pero no me preocupa. Creo que tú sí deberías preocuparte, porque la realidad en estos días no tiene mucho que ver con tus ideas. Por ejemplo: no desearás a la mujer de tu prójimo suena un poquito anticuado. En primer lugar, eso de que sea del prójimo, como si fuera un objeto o una propiedad, no sintoniza con los tiempos liberales y feministas que vivimos.

Por otra parte, te diré que prohibir desear a la mujer es algo incompleto. A riesgo de escandalizarte, te diré que la mujer tiene el mismo derecho de desear al hombre de la prójima. También hay quienes no desean a la mujer del prójimo porque desean al prójimo.

Las cosas, Yahvé, son distintas a como lo eran en los tiempos de Moisés. Las relaciones de pareja ya no son las mismas. Ninguna mujer acepta ser de nadie. Tal vez lo único que hay que agradecerle a tu mandamiento es que, a lo largo de los siglos, nada ha hecho tan deseable a las mujeres como que se supusiera que eran de alguien. Es igual que la hierba del campo vecino que creemos más verde: la mujer del prójimo siempre parece especialmente encantadora, porque es inaccesible o se nos niega.

De todas formas, la incidencia del sida modificó las costumbres de

alguna gente, que optó por la monogamia más estricta. Pero, por otro lado, hay quienes practican el sexo en grupo o los cambios de pareja.

Además, deberás perdonar que, aunque tratemos de profundizar en el tema para darle mayor seriedad, siempre se nos escape alguna sonrisa.

Codiciar a la mujer del prójimo en la Biblia

En el Antiguo Testamento encontramos varios episodios relacionados con este tema, pero que no son tratados como una ofensa a Dios. Ya hablamos de Sara, la esposa de Abraham, a quien convenció de que tuviera relaciones sexuales con una concubina para asegurar la descendencia porque ella era muy mayor para poder engendrar un hijo. Pero Abraham participó de otros episodios escandalosos para la moral que, con cierta inocencia, la mayoría de la gente cree que contiene la Biblia. Dice el libro sagrado: «En aquel tiempo hubo una gran hambre en el país, y entonces Abraham se fue a vivir a Egipto, porque la escasez de alimentos era muy grande en la región. Y cuando ya estaba llegando a Egipto, le dijo a su esposa Sara: "Mira, yo sé que eres una mujer hermosa, y que cuando te vean los egipcios van a decir: 'Esta mujer es su esposa', y me matarán a mí, y a ti te dejarán con vida para quedarse contigo. Por eso, diles por favor que eres mi hermana. Así, me irá bien a mí por causa tuya, y me dejarán con vida gracias a ti"».

Así ocurrió, el faraón se encandiló ante la belleza de Sara, quien se presentó como la hermana de Abraham y pronto pasó a ser una de las mujeres del monarca egipcio, quien colmó al profeta judío de regalos de todo tipo: animales, esclavos, esclavas. Lo que nunca se podrá entender es por qué Yahvé castigó al faraón de los egipcios con plagas de todo tipo por lo que le había hecho a Sara. Mientras tanto Abraham miraba para otro lado como si no fuera con él. El final de la historia no pudo ser más triste para el faraón. Mandó llamar a Abraham y le dijo: «¿Por qué me has hecho esto? ¿Por qué no me avisaste que era tu mujer? Me dijiste que era tu hermana, y por eso yo la hice mi esposa. Ahora, ahí la tienes. Tómala y vete». Entonces el faraón ordenó a unos cuantos hombres que hicieran salir a Abraham de Egipto, junto a su esposa y todo lo que tenía. Se podría decir que parece una historia digna de Almodóvar, pero algunos miles de años atrás y sin cine de por medio.

Lo cierto es que el enunciado de este mandamiento revela que la cuestión está ligada a una forma de posesión y garantía de propiedad muy lejana a las actuales relaciones libres y abiertas que hoy intentamos mantener.

Una feminista diría que la mujer nunca es del prójimo. Una cosa es que en un momento esté en pareja y otra muy distinta que le pertenezca al otro. Es decir, ella es de sí misma y por lo tanto puede aceptar o rechazar otras relaciones porque no pertenece en el sentido posesivo a otra persona.

Éste es un mandamiento que demuestra con claridad el lugar que tenía reservado para el sexo femenino en la época de Moisés. Prohibía codiciar a la mujer del prójimo y sus posesiones materiales: el siervo, la esclava, el asno, la casa. Con el paso de los años el mandamiento se desdobló, se prohibió desear a la mujer, y se puso el resto de las propiedades del prójimo en otra ley.

Se trata de un precepto que tiene que ver también con la envidia. Hay veces en las que algunos hombres se gratifican exhibiendo a su mujer; quieren que otros la miren, pero luego se ponen celosísimos de ver que los demás la desean. Lo cierto es que si estuvieran rodeados de perfecta indiferencia y nadie mirara a la señora se sentirían muy frustrados, pero cuando ocurre lo que quieren empiezan a sentir una tremenda desazón. El celoso lo está del deseo del otro que es imposible de aprehender. Se puede poseer un objeto o una persona, pero no su deseo o los de otros sobre ellos. Casi siempre los celos se relacionan con la envidia. Pero la diferencia básica es que se siente envidia de lo que uno no tiene y celos de lo que uno tiene.

José María Blázquez dice que éste es un mandamiento que se refiere en lo fundamental al derecho de propiedad, «ya que está atado en su origen al resto de las pertenencias personales que tenía el jefe de la familia. No es tanto un pecado sexual, sino contra la propiedad. Hoy a nadie se le puede ocurrir decir que la mujer es propiedad del marido como puede ser el coche que está a su nombre. Al contrario, el coche es de los dos, y más de los hijos que lo usan como si fueran los verdaderos dueños. Se presenta como una redundancia frente al sexto mandamiento, pero porque tenía un carácter social y de posesión».

La maté porque era mía

Este mundo de lo posesivo en el terreno amoroso ha propiciado muchas barbaridades. Los crímenes pasionales están basados en que uno de los implicados considera que le van a quitar algo que le pertenece. Entonces se cree con el derecho a actuar como si estuviera defendiendo la casa contra un asaltante, incluso a castigar a la mujer con la muerte porque, después de todo, es una posesión del hombre y con qué derecho se va a ir con otro. Hasta la sofisticada narrativa de Jorge Luis Borges habla del tema. En su cuento «La intrusa» ilustra cómo dos hermanos que se enamoran de la misma mujer resuelven el conflicto entre ambos asesinando a la muchacha.

Todavía se escucha y se repite esa terrible expresión: «La maté porque era mía» como argumento para justificar los hechos más atroces, y el tango presenta, sin duda, un muestrario de estas cuestiones. Un ejemplo son los versos lunfardos de «Dicen que dicen», escrito por el poeta Alberto Ballesteros:

NO DESEARÁS A LA MUJER DEL PRÓJIMO

Pero una noche que pa' un laburo
el taura manso se había ausentao,
prendida de otros amores perros
la mina aquella se le había alzao...
Dicen que dicen que desde entonces,
ardiendo de odio su corazón,
el taura manso buscó a la paica
por cielo y tierra, como hice yo...
Y cuando quiso, justo el destino
que la encontrara, como ahora a vos,
trenzó sus manos en el cogote
de aquella perra... como hago yo...

Sin recurrir al tango, está claro que en España existe el grave problema de maltrato a las mujeres. La mayoría de los maltratadores, aparte de ser unos brutos por sus acciones y por otras razones, en algunos casos llegan a matar a la mujer que los quiere abandonar. Un tipo suele maltratar a su compañera cuando llega borracho a su casa. Si ella después de años de aguantar, se harta y quiere irse, o hacer los trámites para el divorcio, el marido, que la considera de su propiedad, cree que al matarla evita que le roben algo que es suyo.

Es curioso cómo en los países latinos los crímenes pasionales han gozado de tolerancia. Incluso la intención de la víctima de rebelarse era considerada como un atenuante, porque el hombre había sido traicionado. Aún persiste la idea de que cuando ella se va con otro, este último es el primer culpable porque la robó, y luego la responsabilidad recae en la mujer, que debe ser castigada por traicionar a su dueño. Por lo tanto, a pesar de que la sociedad ha evolucionado, la idea permanece sobre todo en el inconsciente popular.

En realidad, entre el mal manejo de las pasiones y la cultura que impuso al hombre por encima de la mujer, la violencia doméstica es un mal universal. Un ejemplo es el de la actriz Marie Trintignant, quien murió por los golpes que recibió de Bertrand Cantat, su pareja, en la habitación de un hotel en Lituania. La actriz, madre de cuatro chicos, planeaba irse de vacaciones con el padre de sus hijos menores. Por celos, Cantat la mató a golpes.

«Se lo ha buscado, ¿no?», es esa frase que mezcla lo posesivo y lo pasional y que nada tiene que ver con el verdadero cariño, porque si alguien ama a otro, lo que busca y desea es su felicidad, y si eso pasa por que se vaya con otra persona uno debería aprobar la situación y decir: «Qué feliz me siento de que vaya a ser ahora más feliz con otro». Sabemos que esto no ocurre comúnmente. En todos los afectos hay un elemento posesivo y de amor propio. Decía muy bien el moralista francés François La Rochefoucauld que todas las penas de amor son penas de amor propio, y que muchas veces, cuando estamos clamando por nuestro amor perdido, lo que estamos es protestando por nuestro amor propio ultrajado.

> Un hombre puede ser feliz con cualquier mujer, mientras no la ame.
>
> Oscar Wilde

Para Luis de Sebastián, «en la casa nadie manda, ni el hombre ni la mujer. En la pareja no debe haber relaciones amo-criado, señor-súbdito, orden-cumplimiento. En la vida en pareja, en el matrimonio, nadie es propiedad de nadie. Cada persona mantiene su individualidad y así debe continuar siempre, si la intención es tener una relación feliz y duradera. Las uniones tienen que ser entre dos personas responsables y libres. De cualquier manera, la fórmula con la que se consagran los matrimonios es de por sí ambigua. Cuando se afirma "Te doy por esposa..." parece indicarse la entrega de una persona a otra. Sin embargo, el peligro para la estabilidad de las parejas no es externo, o que alguno de los dos se enamore de otro. Puede llegar a suceder, pero previamente se ha roto el encanto de la vida en pareja. Los riesgos son los internos, la lealtad y la fidelidad de la relación día a día y en todas las circunstancias por las que pasa».

Seducción y conquista

El tema de la seducción es muy complicado. Muchas veces los seres humanos deseamos una cosa porque vemos que otro la desea. ¿Hasta qué punto el deseo de uno es el que motiva que otro a su vez desee lo mismo? Esto es muy frecuente en el juego amoroso. Por eso se dice que cuando un hombre tiene fama de gran conquistador, es porque esa idea que tiene la gente de él le ayuda a conquistar.

En definitiva, los seres humanos deseamos lo que vemos desear a otros. Si todo el mundo desea a esta mujer, algo tendrá para ser tan deseada. Si todo el mundo corre detrás de este hombre, será porque tiene algo extraordinario. Por lo tanto, hay un elemento de triangulación del deseo.

Pero la seducción es un sí, pero no; un quiero, pero no quiero; un abrir una puerta, para cerrarla a continuación. Y si la persona que percibe estos estímulos no es muy sutil, da lugar a situaciones algo incómodas. Hay quienes cometen abusos sexuales y se excusan diciendo: «Bueno... ella me provocó porque me dijo, o porque yo creía que me decía o porque me insinuó». Esto sucede cuando alguien malinterpreta y confunde con entrega, lo que es un juego en el cual hay que mantener siempre la libertad.

Uno de los paradigmas que se ha barajado durante mucho tiempo como ideal de pareja es el de la perfecta unión en la que cada uno de sus integrantes pierde completamente su autonomía y ambos pasan a ser una sola persona. Se dice que son dos en una carne. Solemos escuchar: «No tenemos secretos el uno para el otro, pensamos y opinamos siempre igual». Estamos, en el fondo, frente al sueño de la posesión perfecta. La manera de poseer algo es hacerse uno con ello de manera definitiva. Pero en lugar de ser una ampliación del amor se trata de una disminución ya que lo bonito y lo meritorio es que se amen dos personas distintas, no que se conviertan en una. Eso deja de ser amor y se convierte en egoísmo ya que uno se está amando a sí mismo. Lo difícil es prodigar el amor a otro, respetando su integridad y su carácter. Por eso hay que tener en cuenta el poema de Mario Benedetti cuando dice que tú y yo somos mucho más que dos. Está bien ser más que dos, pero no menos, siempre hay que mantenerse como dos.

Vidas separadas de hombres y mujeres en la antigüedad

En la antigüedad imperaba la idea de que los hombres y las mujeres hicieran su vida por separado salvo cuando se encontraban en el hogar. Esto discriminaba a la mujer. La esposa estaba sujeta al hombre pero, como ya hemos dicho, el hombre tenía poco control sobre sí mismo cuando estaba cerca de mujeres deseables, por lo tanto se consideraba más prudente que los hombres estuvieran junto a los hombres, sobre todo cuando se trataba de jóvenes, mientras que las mujeres debían estar juntas, pero alejadas de ellos, que eran víctimas de tentaciones fuertes. Hoy los hombres y las mujeres se educan, trabajan y viven juntos. En la actualidad, la mujer tampoco tiene que ir cubierta y recatada, puede vestir como quiera, en ocasiones con ropas insinuantes e incluso provocativas. Todo esto exige la conversión del hombre en alguien mucho más capaz de controlarse. La idea del autocontrol masculino es reciente. Durante siglos no existió. En la actualidad el hombre tiene que aprender a convivir dejando de lado todo lo que tiene que ver con las insinuaciones y el atractivo sexual. Creo que esta reconversión mental tiene que ver con la evolución de la civilización, que hace más natural, complementario y democrático el juego entre los hombres y las mujeres. El problema en algunos países latinos como los nuestros es que muchos varones continúan teniendo la misma mentalidad que hace dos siglos, y reaccionan como neandertales.

Una de las cosas que no puedo entender es qué tiene de malo poder deleitarse ante una persona hermosa, sea del sexo que sea. Es obvio que en esa contemplación hay una vinculación con nuestra propia sexualidad. No podríamos considerar hermosa a una persona, hombre o mujer, si no tuviéramos de algún modo conciencia de nuestro propio cuerpo y de nuestro carácter sexual. Luchar contra el deseo que nos produce otro es como hacerlo contra la ley de gravedad. Pero de ahí a intentar algún tipo de acto impropio con el otro, hay un abismo.

Este precepto nos ha llevado por un camino más que sugestivo. Las preguntas son: ¿hasta qué punto un ser humano puede pertenecer a otro? y ¿cómo dos personas pueden formar una pareja preservando cada una su individualidad? En estas cuestiones entran en juego la fidelidad y la consideración de si se trata de una virtud o de una exigencia puritana heredada de aquellos años en que todavía imperaba el concepto posesivo de la mujer. También nos lleva a reflexionar sobre la seducción y el deseo y en qué difieren al respecto los hombres y las mujeres. Todas estas cuestiones están relacionadas y nos vienen a la mente al reflexionar sobre «no desearás a la mujer de tu prójimo».

X

No codiciarás los bienes ajenos

El escritor y Yahvé analizan las dificultades para hacer cumplir este mandamiento

Qué difícil debe de ser cumplir con este precepto cuando la codicia parece que funciona en todo el mundo de una manera abrumadora. Vemos que una serie de personajes, incluso los más celebrados, son codiciosos, y en ocasiones de un modo insaciable. Por mucho que hayan alcanzado, acumulado o robado, nunca es suficiente. Los mayores fraudes no los cometen quienes quieren hacerse ricos, sino quienes quieren hacerse más ricos. Y esto ocurre —tú lo sabes bien— en un mundo donde millones y millones de personas viven con menos de un dólar diario. El espectáculo de la codicia desenfrenada asusta y repugna a la vez.

De cualquier manera, te reconozco que la envidia —el motor de la codicia— no siempre es negativa. Me refiero a la entendida como deseo de emulación, de competencia, de hacer las cosas mejor que el otro o de conseguirlas sin quitárselas a nadie. No sólo hablamos de los objetos materiales, sino también de las virtudes de las personas: la valentía, la sinceridad o el conocimiento, también son envidiables, porque pueden producir un estímulo positivo.

Pero los hombres somos así: cuando se trata de cosas tangibles, la envidia del dinero, del prestigio, de representación ante los demás se convierte en un elemento embrutecedor. Vemos que muchas personas, en su deseo de sobresalir, empiezan a adquirir un rostro de avidez que provoca miedo.

Yo no he visto a los condenados de tu infierno. No te preocupes... si tú lo permites no tengo ningún interés en verlos de cerca, pero imagino que deben de tener esa cara de avidez insaciable y eterna que tienen quienes son codiciosos, cuando quieren poseer lo que todavía no tienen. Y qué decir de aquellos que en la historia envidiaron y codiciaron tu nombre y tu poder, de esos hombres que se consideraron a sí mismos dioses y trataron a los demás con tu estilo caprichoso y vengativo. Creo que estamos de acuerdo en que cuando se trata de cuidar las formas nunca has sido muy atento.

Envidia y codicia

Este mandamiento, tal como lo conocemos, parece desprenderse del noveno, lo cual demuestra la enorme importancia que tienen los conceptos de la envidia y el deseo.

La envidia es el más sociable de los vicios. Proviene de nuestro carácter de animales gregarios. Envidiamos porque nos parecemos unos a otros y, como ya dijimos, la mayoría de las cosas que nos resultan apetecibles son las que vemos desear a otros. Por ejemplo, cuando se hacen regalos a un grupo de niños pequeños, cada uno de ellos está más pendiente de lo que le han dado a los demás que del suyo.

En este terreno, las semejanzas nos pueden enfrentar cuando queremos lo mismo que los otros, sobre todo cuando vemos que se trata de algo que no puede tenerlo más que una sola persona. De ahí surge la competencia y la envidia que tienen su origen en nuestra sociabilidad, pero que también se convierten en una amenaza para la misma.

Para el rabino Isaac Sacca, «este mandamiento en cierta medida desencadena los anteriores. El que envidia roba, el que envidia levanta falso testimonio, el que envidia mata, el que envidia comete adulterio. La envidia es la raíz de los grandes males de la sociedad. Dios no nos convoca a apartarnos del mundo, pero nos advierte: cuidado con el descontrol de la codicia, de la envidia y de la ambición, porque eso destruye al hombre y lo lleva a matar, robar, cometer adulterio y mentir, que son los grandes males de la sociedad».

> La envidia va tan flaca y amarilla porque muerde y no come.
>
> Francisco de Quevedo

En todas las épocas ha existido esa envidia flaca y amarilla, pero a lo largo de los siglos estuvo distribuida en grupos, estamentos o castas. En las sociedades jerarquizadas, los inferiores no se envidiaban más que entre sí. No lo hacían con sus superiores. Por ejemplo, un paria de la India, considerado el estamento social más bajo, no envidia al brahmán, pero quizá sí a otros parias. Son tipos de sociedades donde la movilidad es horizontal.

Otro ejemplo se aprecia en el teatro clásico, donde los problemas están divididos por grupos humanos. Los nobles y los aristócratas tienen su propio conjunto de rivalidades y ambiciones, mientras que los criados y las personas de clases inferiores tienen sus envidias particulares. Pero son sentimientos que no interfieren unos con otros. Lo característico de una sociedad de iguales, que comienza a vislumbrarse a fines del siglo XIII es que la envidia se democratiza.

Todos se envidian

Puesto que todos somos iguales, todos podemos envidiar a todos. A la persona de clase más baja le gustaría ser el gran financiero, o la gran actriz de cine o el ganador de un concurso de televisión. Ninguno de nosotros se considera excluido de nada. No creemos que haya clases determinadas, sino que «cualquier cosa que tenga el otro yo también lo puedo poseer». De ahí que en la sociedad capitalista, con la envidia democratizada, lo que se genera es el deseo de ascender y de acumular, puesto que todos podemos llegar a lo más alto. En el mundo moderno tenemos la sensación de que la envidia ya no está dividida en grupos, sino que es algo más abierto y generalizado.

Hoy en día ser envidiado es un valor, una forma de prestigio, porque, en definitiva, quien nos envidia nos ofrece un relativo homenaje. Uno se siente halagado pues se siente elevado a una posición superior al que lo envidia. Por lo tanto, y aunque parezca un juego de palabras, no sólo envidiamos una serie de cosas, sino también la condición de envidiados.

Otro de los ingredientes que forman parte de estos temas es la ostentación. En otras épocas más puritanas a los ricos no les gustaba ostentar. Los poderosos de finales del siglo XIX y principios del XX vestían y vivían de manera muy sobria. Pero todo se transformó y hoy parece que para disfrutar de lo que se tiene hay que ponerlo en evidencia, de manera que se pueda ser envidiado. Nadie renuncia a aparecer en esas revistas que muestran las casas de los famosos con sus cuadros, joyas, muebles, etcétera. Las fiestas son exhibiciones públicas donde se va a ser mirado, para mostrar automóviles de lujo, mujeres hermosas y hombres guapos. En definitiva, la mayoría de las cosas destinadas a ser disfrutadas exigen que haya otras personas que no las tengan, que sean exclusivas de quien las disfruta.

Pero esto no es patrimonio exclusivo dentro de los grupos de poder. También hay envidia dentro de la miseria, entre quienes tienen muy poco. Existe en los campos de concentración, donde puede generarla un par de zapatos o un cuenco para beber agua que otro posee. La envidia no nace sólo en cuestiones superfluas, sino también en los momentos de mayor angustia ante una necesidad más urgente. Se trata, en estos casos, de uno de los sentimientos más patéticos y angustiosos que tiene que ver con el instinto de supervivencia.

La democracia y la envidia

La democracia también fomenta la envidia y la extiende. La envidia también codicia ese bien que es el poder, el mando que se tiene sobre la comunidad. En este caso se convierte en un valor positivo. Por ejemplo, dentro del régimen democrático, es positiva la vigilancia que ejercemos sobre nuestros dirigentes porque somos envidiosos. No estamos dispuestos a consentir que quienes detentan nuestra representación en la sociedad posean privilegios indebidos. Aunque les otorgamos una serie de ventajas, no queremos que se aprovechen del espacio que les concedimos con nuestro voto. La propia envidia democrática los señala cuando cometen actos incorrectos y les dice: «Eso no puede ser». A un rey absoluto, a cualquiera de los grandes monarcas de la antigüedad, nadie le reprochaba sus depredaciones, su lujuria, ni ningún otro tipo de abusos, pero a nuestros dirigentes sí, porque consideramos que son como nosotros y, como también quisiéramos tener esas ventajas, no estamos dispuestos a regalárselas si son indebidas. Así pues, en la democracia a veces la envidia funciona como un mecanismo de vigilancia política que abarca a los funcionarios, a los grandes empresarios y a los grupos de poder. En este sentido, la envidia cumple una función purificadora porque gracias a ella no pasamos por alto cierto tipo de corrupciones.

Tengo tres perros peligrosos: la ingratitud, la soberbia y la envidia. Cuando muerden dejan una herida profunda.

Martín Lutero

Según Martín Caparrós, «se supone que uno debe codiciar los bienes ajenos para poder progresar. Se supone que la forma de progresar consiste en conseguir una serie de bienes, y si uno los tiene que ir a conseguir es porque no son suyos. Entonces, si se tomara al pie de la letra este mandamiento, tendríamos que volver a una especie de comunidad primitiva, en la que nada es de nadie y todos los bienes están ahí. La aplicación estricta de este mandamiento acabaría en treinta segundos y cuatro décimas con el capitalismo, y con todos sus productos. No sería mala idea mandarle un par de e-mails al Papa para ver si no quiere insistir en que se cumpla este rarísimo mandamiento».

La envidia halagadora

En el mundo de la publicidad el juego de la envidia es muy curioso. Por una parte, quiere vender productos a la mayor cantidad de gente posible. Pero el publicitario también tiene que hacer que quien vaya a comprar su producto se sienta único. Tiene que vender un tipo de ropa, un alimento o un viaje que haga pensar al comprador que lo va a transformar en un ser único, pero al mismo tiempo deben vendérselo a la mayor cantidad de gente posible. ¿Cómo se logra convencer a alguien de que debe adquirir un producto para distinguirse de los demás, y hacerlo de tal manera que todo el mundo pique y busque diferenciarse del mismo modo? Si la publicidad es efectiva no se tratará de una distinción, sino será un reconocimiento entre muchos. Se producirá una masificación del producto y la persona.

Donde exista una comunidad de bienes no puede haber codicia, puesto que ningún bien es ajeno. Codiciar las cosas del otro es característico de las sociedades donde existe la propiedad privada. En tales sociedades, las personas que no tienen, envidian y desean lo que otro posee. Por supuesto que la propiedad nunca es completamente privada. Toda riqueza es social. Nadie se hace rico en la soledad o por su propio genio, porque su talento se ejerce socialmente y ésa es la clave de su éxito. Pero como todas las riquezas son sociales, también tienen como límite la misma sociedad, gracias a lo cual se puede tratar de igualar a los integrantes de las comunidades.

Cuando se produce una hipertrofia hacia un extremo y se pierde el equilibrio dentro de un cuerpo social, las cosas se pueden solucionar con la expropiación de los bienes para extender los beneficios de los que gozan unos pocos. Grandes revoluciones a lo largo de los siglos fueron el resultado de la acumulación excesiva de propiedades por parte de los poderosos, desposeyendo a los demás. Por lo tanto, la solución que encontraron los revolucionarios fue tomar esos bienes y distribuirlos. Por supuesto que éstos son temas sumamente complejos donde se mezcla no sólo lo político, sino también lo moral.

Según el padre Busso, «la propiedad privada para el cristianismo es un concepto primario, pero subordinado, no absoluto. Los bienes de la creación han sido otorgados a todos. Por ejemplo, la expropiación para el bien común es algo permitido en la vida y la moral cristianas. Si la propiedad privada hiere o realiza algún acto injusto contra lo ajeno, es evidente que el bien común prima sobre el privado. El problema de la indigencia no tiene su origen en la cantidad de comensales del mundo, sino en la distribución de la comida en la mesa».

La ambición por tener poder y dinero muchas veces sirve de tapadera de carencias que no pueden adquirirse como los bienes materiales. Quizá uno de los ejemplos más contundentes en este sentido lo haya mostrado Orson Welles en su obra maestra, *Ciudadano Kane*. El protagonista acumula objetos de todo tipo en su mansión de Xanadú, incluso compra cuerpos y conciencias con su fortuna. Kane había conseguido todo lo que otros afirmaban que hacía felices a las personas. Pero al final de su vida cayó en la cuenta, más allá de lo que dijeran, de que no tenía lo imprescindible: afecto y respeto real, y no ficticio o comprado.

Nadie es realmente digno de envidia.

ARTHUR SCHOPENHAUER

No tengo nada contra aquellos que desean cosas bellas y útiles. No me caen bien aquellas personas que aseguran no tener interés por el dinero, y que no necesitan nada. No me haría ninguna gracia que me robaran las cosas de mi casa. Pero tampoco me parece muy sano desear tener cada día más abultada la cuenta bancaria y querer más y más objetos. No hay que olvidar que aquello que tenemos también nos posee a nosotros.

Marcos Aguinis define con precisión la codicia: «Es una condena para el que la sufre —afirma—, porque lo convierte en un ser mitológico que termina por morirse de hambre, debido a que todo lo que toca es oro. Es decir, es un individuo que jamás puede satisfacerse, que jamás llega a estar feliz, porque todo lo que consigue lo lleva a desear conseguir más. Entonces es una carrera loca, es una rueda que gira en el espacio que nunca llega a ninguna parte».

El rabino Sacca dice que «el Talmud explica que el que más tiene más codicia, el que más tiene más le falta. Si uno tiene cien quiere doscientos, si desea doscientos quiere cuatrocientos. La codicia no es una prohibición dirigida sólo a los que carecen de bienes, sino a la totalidad de los seres humanos. Éste es el último mandato de Dios, si surge el sentimiento de codicia y no lo controla, vuelve a transgredir los nueve anteriores. Se genera un círculo de transgresión permanente».

El precepto «no codiciarás los bienes ajenos» cubre un espectro muy amplio de sugerencias y de temas. La envidia es fundamental en nuestra propia condición, y sobre todo en las sociedades democráticas en las que vivimos. No siempre es negativa, puede servir de control democrático, y un elemento que incluso se transforme en admiración hacia personalidades destacadas.

En este mandamiento también tiene una importancia primordial el análisis de lo ajeno: ¿qué es la propiedad privada? ¿Qué es lo público? ¿Hasta qué punto alguien puede poseer algo en privado? ¿Hasta qué punto todas las riquezas humanas no tienen una dimensión social y colectiva?

Y como siempre, y tal como lo analizamos en el noveno mandamiento, la idea de que nuestro deseo está siempre despertándose al ver desear a otros determinadas cosas. Se trata en definitiva de una cuestión que se sigue enriqueciendo y reciclando y que no tiene una lectura simple. En definitiva, el análisis de la codicia nos abre a una reflexión que llega al fondo de nuestra sociedad, sobre nuestros bienes, sobre cómo los repartimos, los compartimos y convivimos.

Los hombres necesitan un dios terrible

Para nosotros los mandamientos son hoy la representación de algo que existió y debe haber en todas las culturas: una lista de necesarias frustraciones de los deseos de los ciudadanos. Esto es imprescindible porque el deseo es infinito, polivalente, y no tiene límites. Por lo tanto, los mandamientos permiten, de alguna manera, frustrar parcialmente ese deseo y encauzarlo de tal forma que pueda ser soportable y armónico para la sociedad. En todas las culturas, los tabúes, las prohibiciones y también las prescripciones —en definitiva las normas— lo que hacen es implantar frustraciones socialmente aceptables.

Los diez mandamientos fueron en su momento una lista de frustraciones personales, desde el punto de vista cultural. En la actualidad algunos de ellos siguen vigentes. «No matarás» o «No mentirás» son preceptos con los que cualquiera puede estar de acuerdo. Hay otros mandamientos, en cambio, que han perdido vigencia, que no son vistos como instrumentos para frenar el deseo. Lo que debemos asumir no es la vigencia de uno u otro mandamiento, sino la idea de que vivir en la civilización implica aceptar un conjunto determinado de mandamientos que regulen de alguna forma la vida en sociedad.

Las leyes de Moisés son la respuesta a distintas acciones posibles de los hombres. Es por esta razón por lo que en nuestros días podríamos estar en presencia de nuevas reglas si tenemos en cuenta la existencia de situaciones antes desconocidas. Por ejemplo, la genética y los experimentos de fecundación artificial abren un campo a nuevas perspectivas de las que nacen posibilidades que no existían. Aristóteles nunca se preguntó ni se preocupó por estos temas porque no sabía que podían existir. En cambio, hoy tenemos que plantearnos la posibilidad de que un hijo nazca sin padre, sin madre y sin una línea de filiación. Es algo que hay que aceptar, más allá de lo que se pueda hacer desde la ciencia, más allá de lo puramente científico, porque —como ya dijimos— que dicha persona nazca sin una filiación definida supone una injusticia desde el punto de vista moral. Todo esto obliga a reflexionar sobre situaciones que hasta hace poco no se podían concebir. No estamos en presencia de una nueva moral, sino de nuevos campos de aplicación de principios que se han mantenido a través de los siglos.

Los mandamientos se difundieron por todo el mundo, pero en todas las culturas siempre existieron distintos tipos de tabúes similares. Ninguna de las leyes de Dios es arbitraria pues entre ellas se encuentran conceptos morales universales. No se da el caso de culturas que prefieran la mentira a la verdad, la cobardía al valor, etcétera. Existen parámetros bastante homogéneos que en ciertos contextos se formulan de una manera, y en otros de otra, según los pueblos y los tiempos.

Más allá de las críticas, incluso desde el punto de vista de quienes no somos creyentes, la idea de un dios terrible, cruel y vengativo no está mal pensada, porque en definitiva todos los tabúes se basan en algo terrible. ¿Qué pasaría si no cumpliésemos? ¿Qué pasaría si todos los hombres decidiéramos matarnos unos a otros? ¿Si decidiéramos renunciar a la verdad o robáramos la propiedad de los demás o violáramos a todas las mujeres que se cruzaran en nuestro camino? Un mundo así sería horrendo. Ese dios terrible es el que representaría el rostro del mundo sin dios. La divinidad que castiga es, en el fondo, lo que los hombres serían sin las limitaciones impuestas por el dios. Es cierto que ese Yahvé puede resultar espantoso, pero los hombres sin tabúes pueden resultar peores. Ese rostro temible del dios nos recuerda lo fatal que sería carecer de autoridad, de restricciones al capricho y a la fuerza.

Todos apostamos por la imagen que Cristo introdujo en el mundo, la de un dios martirizado, humano y cercano. No cabe duda que es una imagen poética de un ser infinitamente superior. Pero desde el punto de vista de la legalidad, el dios vengativo y cruel es mucho más eficaz, porque el amable dice: «Amaos los unos a los otros y no necesitaréis leyes»... y es verdad, pero por desgracia no nos amamos los unos a los otros. Así es como volvemos a otro precepto más contundente: «Temeos los unos a los otros y aceptad las leyes».

Notas

1. Umberto Eco y Carlo Maria Martini, *En qué creen los que no creen*, Madrid, Temas de Hoy, 1997.
2. Marcos Aguinis nació en Córdoba, Argentina, en 1935. Escritor con una amplia formación internacional en medicina, psicoanálisis, arte, literatura e historia. En 1963 publicó su primer libro y, desde entonces, ha publicado siete novelas, ocho libros de ensayos, cuatro libros de cuentos y dos biografías. Creó el PRONDEC (Programa Nacional de Democratización de la Cultura), que obtuvo el apoyo de la UNESCO y de las Naciones Unidas.
3. Ariel Álvarez Valdez es sacerdote católico y teólogo nacido en Buenos Aires, Argentina. Ha publicado varios libros, entre los que destacan *Historia de Israel: desde sus orígenes hasta la rebelión de Simón Bar Kosilbah*, *La conquista de la tierra prometida como proyecto de unidad política*, *El armagedón de la Apocalipsis* y *Enigmas de la Biblia*.
4. Luis de Sebastián Carazo es economista español, catedrático de economía en ESADE de Barcelona y miembro del Área Social de Cristianismo y Justicia. Actualmente escribe artículos para el diario *El País*. Consultor del BID. Autor de varios libros, entre los que destacan *De la esclavitud a los derechos humanos*, *Semilla democrática: Experiencias de democracia participativa en América Latina*, *Jubileo 2000: El perdón de la deuda externa*, *Razones para la esperanza* y *La pobreza en Estados Unidos*.
5. Isaac Sacca es gran rabino argentino. Pertenece a la Asociación Israelita Sefardí de Buenos Aires. Actualmente dirige el Shavva Tov (Movimiento para la continuidad del judaísmo).
6. Emilio J. Corbière es escritor, periodista y profesor universitario argentino. Ha sido redactor de diarios y revistas como *La Vanguardia*, *La Opinión*, *La Nación*, *Tiempo Argentino* y *Sur*. Actualmente es colaborador de *Le Monde Di-*

plomatique (en español) y columnista de la revista *Noticias*. Entre sus últimos libros destacan *Orígenes del comunismo argentino* y *Opus Dei. El totalitarismo católico*.

    7.   George Borrow, *La Biblia en España*, Madrid, Alianza Editorial, 1983.

    8.   Ariel D. Busso es sacerdote argentino. Decano y profesor de derecho canónico en la Universidad Católica Argentina. Está considerado como uno de los canonistas más sobresalientes del país. Ha publicado artículos en diferentes periódicos, todos ellos relacionados con el derecho canónico y la Iglesia. Es autor del libro *Pastores y fieles: Constructores de la Comunidad Parroquiana*.

    9.   Marcelo Capurro, periodista y publicitario argentino. En 1995 fue director del diario *La Prensa*. Actualmente es director de la revista argentina *Debate*.

    10.   José María Blázquez es escritor e historiador español, autor inusualmente prolífico de libros dedicados a diferentes aspectos de la economía antigua, de la sociedad, y del arte cristianos, romanos y tempranos. Actualmente es catedrático emérito de la Universidad Complutense de Madrid. Ha publicado numerosos libros, entre los que se destacan: *Historia de las religiones de la Europa antigua*, *fenicios y cartagineses en el Mediterráneo* e *Historia del Oriente antiguo*.

    11.   Martín Caparrós nació en Buenos Aires en 1957. Ha practicado el periodismo deportivo, taurino, cultural, gastronómico, político y policial en prensa gráfica, radio y televisión. Dirigió las revistas *El Porteño, Babel* y *Página/30*. Es autor de diversas novelas y ensayos.

    12.   Hugo Mujica es sacerdote y escritor argentino. Entre sus obras destacan: *Brasa Blanca, Para albergar una ausencia, La palabra inicial, Flecha en la niebla*.